두 얼굴의 에너지,
원자력

미래생각발전소 16 두 얼굴의 에너지, 원자력

초판 1쇄 발행 2020년 1월 10일
초판 5쇄 발행 2022년 12월 20일

글쓴이 김영모 | **그린이** 이경국
펴낸이 김민지 | **펴낸곳** 미래M&B
등록 1993년 1월 8일(제10-772호)
주소 04030 서울시 마포구 동교로 134(서교동 464-41) 미진빌딩 2층
전화 02-562-1800 | **팩스** 02-562-1885
전자우편 mirae@miraemnb.com | **홈페이지** www.miraei.com
블로그 blog.naver.com/miraeibooks | **인스타그램** @mirae_ibooks
ISBN 978-89-8394-805-2 74300 | ISBN 978-89-8394-550-1 (세트)

* 잘못 만들어진 책은 구입처에서 바꾸어 드립니다.
* 이 책은 저작권법에 따라 한국 내에서 보호받는 저작물이므로 무단 전재와 복제를 금합니다.

아이의 미래를 여는 힘, **미래i아이**는 미래M&B가 만든 유아·아동 도서 브랜드입니다.

지식과 생각의 레벨업
미래생각발전소

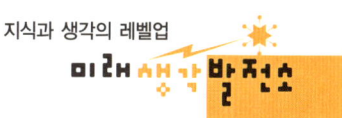

두 얼굴의 에너지,

원자력

김영모 글 | 이경국 그림

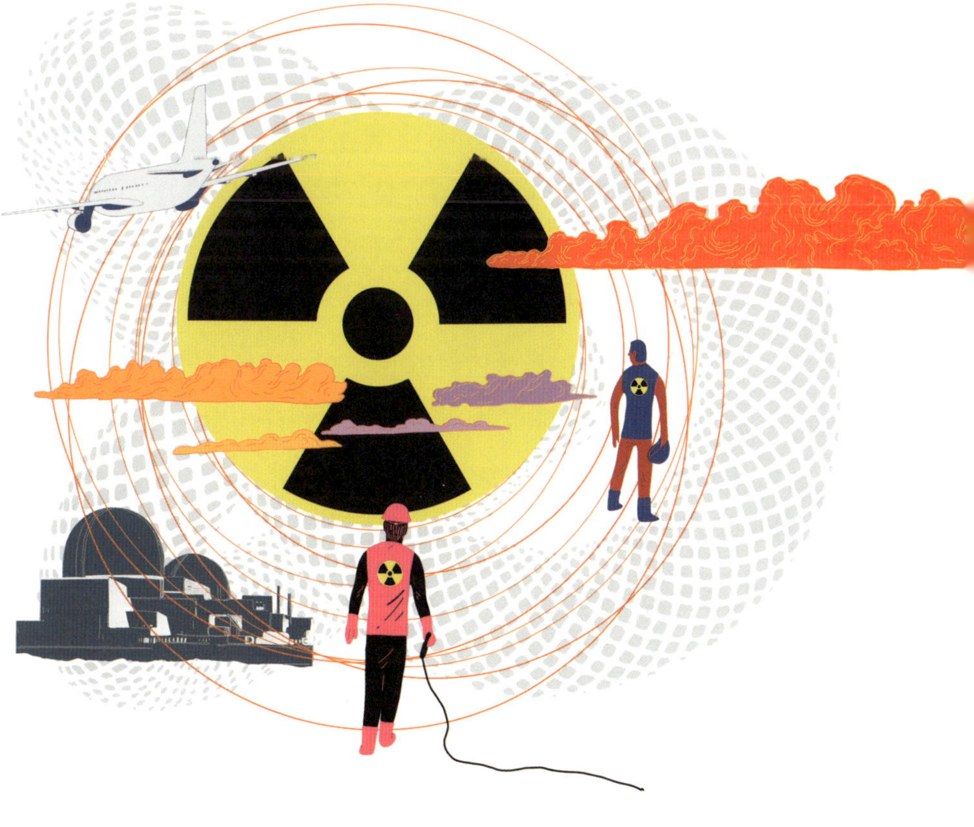

미래i아이

○ 머리말

　원자력과 방사능은 다른 많은 발견처럼 우연한 기회에 발명되었고, 많은 사람의 희생과 노력으로 발전하여 폭탄으로 먼저 사용되었지만 상업적으로 여러 방면에서 활용되고 있어요. 사실, 원자력이라고 하면 일반적으로 제2차 세계대전 때 히로시마, 나가사키의 원자 폭탄과 최근에는 후쿠시마 원전 사태를 생각하면서 부정적인 시각이 더 많은 것 같아요. 원자력이 원자 폭탄이나 방사능 누출 등의 위험이 있는 것이 사실이지만 잘 사용하면 안전하고 깨끗한 에너지원이에요.

　인류 최고의 발견 중의 하나인 상대성 이론과 양자역학 덕분에 세상에 탄생한 원자력과 방사선 관련 기술들은 이미 우리 생활에 발전, 의료, 검사, 요리 등에 유용하게 쓰이고 있어요. 이러한 원자력 관련 기술이 실제 생활에 얼마나 유용하게 쓰이고 있는지, 원자력 발전의 원리와 종류는 어떤 것들이 있는지 알아보면서, 또한 위험한 요소는 어떤 것들이 있는지와 안전하게 다루는 방법에 대해서도 알게 되기를 바라요.

　이 책에서는 원자력 발전이 실제 다른 에너지원들과 어떻게 다르고 어떤 장점과 단점이 있는지 어느 한편의 관점에서가 아니라 가능하면 공정한 관점에서 바라보고 판단할 기회를 가지려고 노력했어요. 또한 다른 나라들은 어떤 정책을 펴고 있는지를 알아보고, 왜 그런 정책을 펴는지 파악하면서 올바른 에너지 정책이 무엇인지 같이 생각해 보고 싶었어요. 그리고 원자력이 우리나라의 현재와 미래의 먹거리로서 얼마나 중요한 역할을 할 수 있는지도 독자 여러분이 알게 되었으면 해요.

가장 중요한 점은 어떤 에너지가 좋거나 나쁘기 때문에 특정 에너지는 사용하지 않고 다른 에너지만 사용하자고 하거나, 어떠한 이유에서 특성 에너지가 특별히 지원되거나 배제되는 것이 아니라 국가와 사회, 그리고 개인의 관점을 모두 종합하여 가장 효율적이면서 안전하며 온실가스 배출 등 지구 온난화에 가장 잘 대응하는 방법이 무엇인가 고민하는 계기가 되었으면 해요. 이 책을 읽는 분들이 이러한 종합적인 '에너지 믹스' 관점에서 원자력을 포함한 모든 에너지의 활용을 생각하는 기회를 갖게 되기를 바랍니다.

부족한 글이 출판되도록 도와주신 미래아이와 편집장님께 감사드리며 꼼꼼히 검토해 주신 서울대학교 황용석 교수님, 부산대학교 윤병조 교수님께 감사드립니다. 또한 믿고 지지해 준 아내와 가족 그리고 하나님께 감사드립니다.

-김영모

차례

머리말 … 4

Chapter 1 우리 곁에 있는 방사선과 원자력

방사선이란 무엇일까? … 10
생각발전소 전자기파와 방사선 … 16
TV, 전자레인지에도 방사선이? 일상생활 속의 방사선 … 18
병원에서도 방사선은 필수, 의료용 방사선 … 22
가방 안을 꿰뚫어본다? 다양하게 활용되는 방사선 … 25
생각발전소 핵의 구조와 동위원소 … 28
원자력 발전의 원료로 사용되는 우라늄 … 30

Chapter 2 방사선과 원자력의 역사

우연히 발견한 방사선 … 34
생각발전소 위대한 발견은 실수와 우연에서 … 40
핵반응의 발견과 핵폭탄 … 42
원자력 발전이 전기료를 낮추다 … 45
슬픈 원자력 발전 사고 이야기 … 47
그래도 원자력은 안전할까? … 50

Chapter 3 원자력의 두 가지 형태, 핵분열과 핵융합

핵분열과 핵융합은 어떻게 다를까? … 54
원자력 발전소의 작동 원리 … 59
생각발전소 원자 폭탄과 수소 폭탄 … 62
핵융합, 전 세계가 함께 연구 중 … 64
우리 생활 속의 핵융합과 플라스마 … 67

Chapter 4 우리의 미래 먹거리, 원자력

세계적인 원전 강국, 한국 … 72
미래의 핵심 기술, 핵융합 연구 … 75
다양한 원자력 응용 기술 … 79
생각발전소 신재생 에너지란? … 82

Chapter 5 원자력과 여러 에너지 비교

원자력, 깨끗한 에너지인가? … 88
어느 에너지가 더 비쌀까? 발전비용과 매장량 … 92
화석 에너지를 대체할 방법은? … 97
에너지 정책, 어떻게 해야 할까? … 102
생각발전소 자원 때문에 전쟁이 벌어진다 … 106

Chapter 6 미래의 에너지와 우리의 삶

세계 여러 나라의 원자력 정책 … 110
각국의 에너지 정책이 뜻하는 점 … 118
생각발전소 지구 온난화를 막기 위한 전 세계의 노력 … 122
바람직한 에너지 정책은? … 124
미래의 에너지 … 127
백 투 더 퓨처는 가능할까? … 130

방사선이란 무엇일까?

방사선이란 무엇일까요? 이름만 들어도 쓰나미와 후쿠시마 원전이 생각나면서 두려운가요? 사실 **방사선은 우리들 생활에 다양한 형태로 이미 많이 존재**하고 있어요. 휴대폰을 이용하여 통화하고 와이파이를 이용하여 검색도 하고 사진도 보내지요? 또한 라디오나 무전기를 통해 멀리 떨어진 곳의 소식을 듣고 소통할 수 있는데 여기에 사용되는 전파가 모두 전자기파이며 방사선의 일종이랍니다. 전자기파란 극성을 가진 입자가 가속될 때 생기는 전기장과 자기장이 공간상으로 방사되는 파동이에요. 방사선은 전자기파의 일종으로, 원소들이 붕괴하면서 방출하는 전자기파를 방사선이라 해요.
　해변이나 야외활동을 많이 하면 피부가 타는

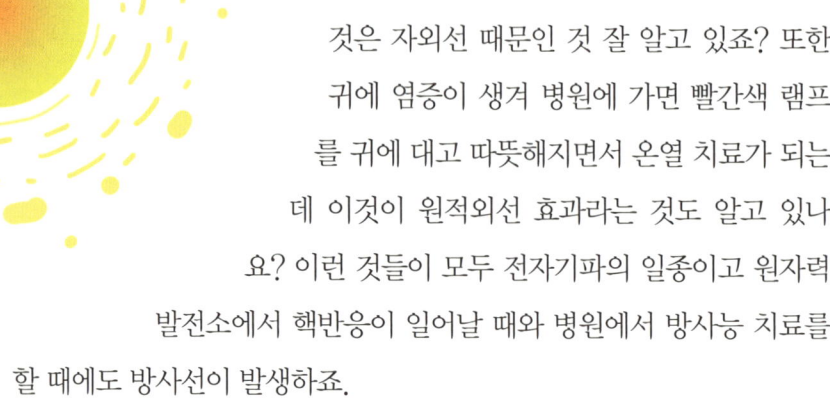

것은 자외선 때문인 것 잘 알고 있죠? 또한 귀에 염증이 생겨 병원에 가면 빨간색 램프를 귀에 대고 따뜻해지면서 온열 치료가 되는데 이것이 원적외선 효과라는 것도 알고 있나요? 이런 것들이 모두 전자기파의 일종이고 원자력 발전소에서 핵반응이 일어날 때와 병원에서 방사능 치료를 할 때에도 방사선이 발생하죠.

이처럼 방사선은
우리가 살고 있는
자연 환경인 태양, 하늘,
건물, 심지어는 우리 몸 안에
서도 발생하고 있어요. 즉, 우리

가 신경 쓰지 않아도 될 정도로 아주 적은 양으로 언제든지 우리와 함께 있기도 하고, 발전소나 병원에서 특수 목적으로 방사선을 만들어 사용하기도 한답니다.

방사선에는 자연 방사선과 인공 방사선이 있어요. 태양이나 하늘에서 자연적으로 발생하면 자연 방사선, 휴대폰이나 송신탑, 원자력 발전소 등 인간이 만든 것은 인공 방사선이라고 분류하지요.

자연 방사선에는 크게 우주 방사선과 지각 방사선이 있는데, 우주 방사선은 태양 또는 외계에서 발생한 방사선이 대기권을 뚫고 지구까지 도달하는 경우예요. 이 방사선은 우리가 자연에서 받는 방사선의 약 10퍼센트 정도이고 보통 해수면에서부터 고도가 높아질수록 방사선의 세기가 증가해요. 또 다른 자연 방사선인 지각 방사선은 지구가 생성될 때 만들어진 다양한 암석이 붕괴를 하면서 방사선을 방출하는 거예요. 최근에 이슈가 되었던 라돈도 자연 방사선의 일종으로, 모나자이트와 같은 광석에 함유된 방사능 물질이 붕괴하면서 라돈이 되어 이 라돈이 공기 중에 배출되는 것이에요. 우주 방사선은 일반적으로 고도가 높은 곳으로 갈수록 커지고 지각 방사선은 지표면에 방사능 물질이 많이 분포되어 있는 지역에서 커지는데, 예를 들면 브라질, 인도, 중국 등의 특정 지역에서는 지각 방사선의 세기가 일반적인 경우보다 수백 배 높아지기도 해요.

인공 방사선에는 크게 의료 목적 방사선과 방사성 낙진이 있어요. 의료 목적 방사선은 대표적인 예가 엑스선 촬영이에요. 치과나 흉부외과에 가면 엑스선 촬영을 하지요? 뒤에서 자세히 설명하겠지만 엑스선 촬영을 하거나 엑스선 장비를 운영하는 사람들은 정도의 차이는 있겠지만 인공 방사선을 쬐게 되는 거지요. 또한 많은 나라들이 핵무기 경쟁을 하면서 지하 또는 대기권에서 핵실험을 하였는데, 이때 발생한 방사능 물질을 방사성 낙진이라고 해요. 방사성 낙진은 생태계에 방출되면 호흡이나 음식물을 통해 우리 몸속에 들어 오지요.

이처럼 자연 방사선, 인공 방사선 모두 우리가 살고 있는 어느 곳에든지 나오고 있어요. 그럼 구체적으로 우리의 생활 어디에서 방사선이 나오고 사용되는지 알아볼까요?

tip 제3의 불, 원자력

원자력은 인류가 발명한 세 번째 불이라는 뜻에서 제3의 불로 불린다. 인류가 발견한 최초의 불은 화산이었을 것으로 추측한다. 불에 익힌 고기가 더 맛있어 생식에서 화식으로 식생활이 바뀌었다. 또한 나뭇잎 등으로 불을 지필 수 있게 되면서 화덕과 아궁이를 만들어 움집 같은 곳에 모여서 살게 되었고 밤에도 불을 켤 수 있게 되었다. 제2의 불, 전기는 1819년 이탈리아의 볼타가 전지를 발명하면서 시작되었다. 그래서 지금도 전압의 단위를 그의 이름을 따서 볼트(Volt)라고 한다. 이후 패러데이가 전자유도를 발견하여 전기를 생산할 수 있게 되고, 에디슨이 전구를 만들어 더 이상 호롱불이 필요 없게 되었다. 원자력은 방사선을 이용하여 핵반응을 일으키고 거기에서 나오는 에너지로 열과 전기를 생산하는데, 불처럼 연기는 나지 않지만 엄청난 에너지가 나오므로 제3의 불이라 한다.

전자기파와 방사선

넓은 의미의 방사선 = 모든 전자기파

자연에는 다양한 종류의 전자기파가 발생해요. 태양에서도, 고기를 굽는 숯에서도, 다양한 전자제품에서도 발생해요. 넓게는 이런 전자기파를 모두 방사선이라고 부르고 파장의 크기에 따라 다음과 같이 구분해요.

- 전파 : 파장이 100마이크로미터가 넘는 전자기파. 위성통신, 라디오, TV, 선박통신 등 주로 통신에 사용해요.
- 적외선, 원적외선 : 파장이 수백 나노미터부터 700마이크로미터 사이. 가시광선의 빨간색 바깥에 있다는 의미로 적외선이라 하며 주로 치료 및 건조 등에 사용해요.
- 가시광선 : 파장이 380에서 800나노미터 사이. 눈에 보이는 광선이라는 이름으로, 색깔을 표현하거나 광통신에 사용해요.
- 자외선 : 파장이 10나노미터부터 400나노미터 사이. 보랏빛보다 파장이 짧고 눈에 보이지 않으며 화학작용이 강하여 햇빛을 쬘 때 피부가 타는 이유이며, 옷감이나 가구 등의 변색의 원인이에요.

★1미터 = 100센티미터 = 1천 밀리미터 = 10억 나노미터

좁은 의미의 방사선 = 전리 방사선

한편, 방사선 중에서 물질을 통과할 때 이온화를 일으키는 엑스선, 알파

선, 감마선, 중성자선 등을 전리 방사선이라고 해요. 전리 방사선은 인체에 영향을 줄 수 있는 방사선인데, 좁은 의미에서 방사선이라 하면 이 전리 방사선을 의미해요.

- 알파(α)선 : 헬륨 원자핵에서 양전하를 띤 입자로, 물체에 흡수되면 에너지를 잃으며 전자와 결합하여 중성 헬륨 원자가 돼요.
- 베타(β)선 : 빠른 속도의 양전하 또는 음전하를 가진 전자선으로 중성자가 양성자로 바뀔 때 나오는 전자선을 베타선이라 해요.
- 감마(γ)선 : 파장이 0.1나노미터 이하로, 엑스선보다 파장이 짧고, 투과력이 커서 금속의 내부 결함을 탐지하거나 암 치료에 쓰여요.
- 엑스(X)선 : 파장이 10에서 0.001나노미터 사이. 핵 밖에서 방출되는 파장이 짧고 투과력이 강한 방사선이에요. 물질을 잘 투과하여 재료의 시험이나 의학용으로 사용해요.
- 중성자(n)선: 고에너지의 중성자의 흐름을 말하는데 전기적으로 중성이라 물질을 뚫고 가는 능력이 커요.

방사선 종류별 투과력

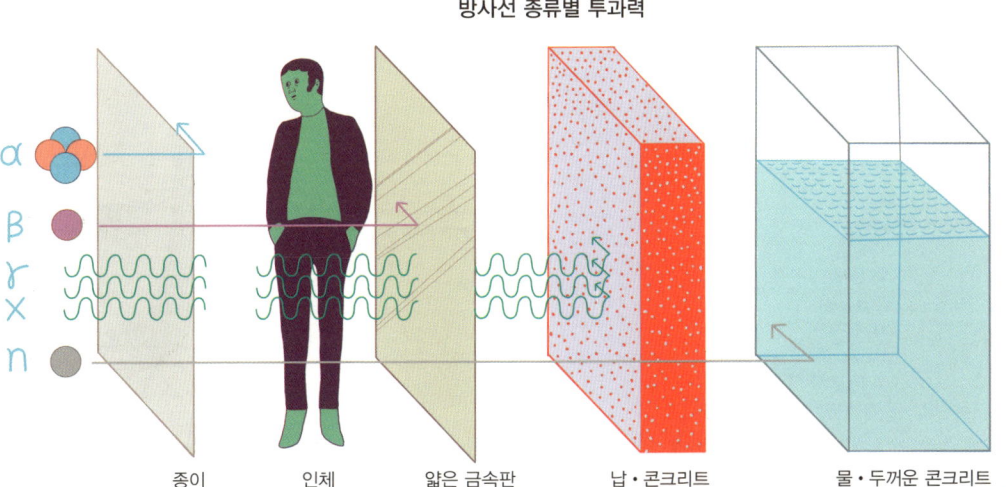

종이 　 인체 　 얇은 금속판 　 납·콘크리트 　 물·두꺼운 콘크리트

TV, 전자레인지에도 방사선이?
일상생활 속의 방사선

혹시 배불뚝이 TV나 브라운관이라는 말 들어 봤나요? 예전에는 TV가 뒤쪽이 불룩 튀어나온 배불뚝이였어요. TV가 지금처럼 아주 얇아져 벽에 걸 수 있게 된 건 불과 20여 년 전부터이지요. 이렇게 예전에 TV가 툭 튀어나온 이유는 그 안에 브라운관이라 불리는 전자선관이 있었기 때문이에요. 텔레비전은 브라운관 속에 있는 전자총이라 불리는 장치에서 나오는 전자들이 앞 유리면 뒤에 발라진 형광체를 비추면 빛이 나는 원리를 이용해서 만든

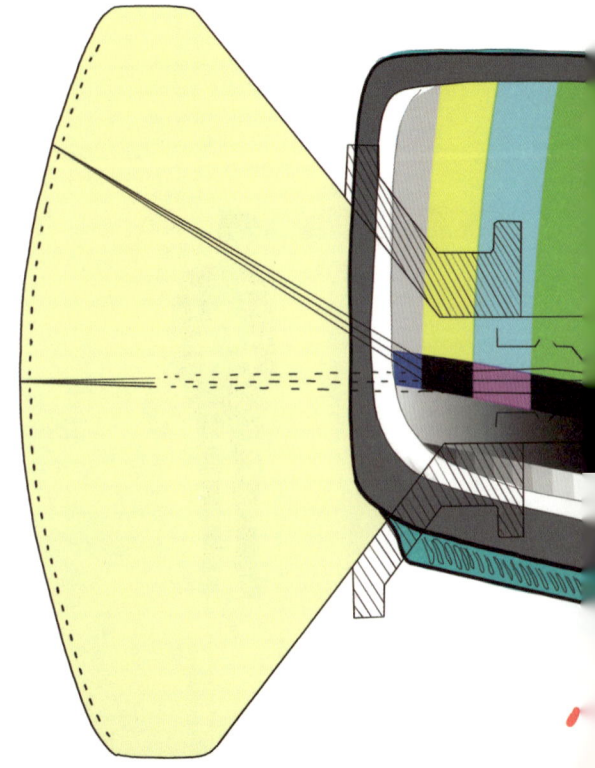

거예요. 브라운관 TV는 1897년 독일의 페르디난트 브라운이 처음 발견했을 때는 정말 획기적이었지요. TV를 통해서 인류가 드디어 최초로 움직이는 영상을 멀리 보낼 수 있게 되어 지구 반대쪽의 축구 경기도 안방에서 볼 수 있게 되었으니까 말이에요. 바로 이 브라운관의 전자총에서 나오는 전자선이 대표적인 인공 방사선의 일종이죠.

사실 이 원리는 벽걸이 TV라고도 불렸던 PDP(플라스마 디스플레이 패널)에도 똑같이 적용되었답니다. 비록 브라운관처럼 배불뚝이는 아니지만 그 원리는 브라운관 TV와 유사하게 자외선이 내부의 형광체를 자극해서 빛을 내는 방식이랍니다.

그럼 이번에는 음식을 데우거나 냉동식품을 해동할 때 등 다양하게 사용되는 전자레인지를 한번 볼까요? 사실 전자레인지는 2차 세계대전 때 적의 동태를 파악하기 위해 사용했던 레이더를 개발하면서 우연히 만들어지게 되었답니다. 레이더는 방사선의 일종인 고출력의 극초단파를 발생하여 반사파로 대상물의 거리를 측정하는 장치인데 2차 세

레이더는 언제 발명되었을까?

레이더(RADAR, Radio Detection And Ranging)는 강력한 전자기파를 발사하여 그 전자기파가 물체에 반사되어 돌아오는 것을 수신해 물체를 탐지하고 거리를 측정해 위치를 파악하는 장치로, 전파 탐지기라고도 한다. 레이더는 제2차 세계대전 중에 영국에서 가장 먼저 발명되었는데, 당시 독일 비행기가 아무리 기습을 해도 영국 상공에 들어가기도 전에 영국에서 알고 대공포와 전투기로 대응하곤 했다. 번번이 기습에 실패한 독일은 그 이유가 레이더인 것을 나중에 알고 레이더를 개발하여 연합군과의 전쟁에 사용하게 되었다.

계대전 당시 연합군은 이 레이더를 먼저 개발하여 독일군을 많이 괴롭혔고, 독일도 나중에 레이더를 개발하여 연합군에 대응했다고 해요.

레이더에서 극초단파를 만드는 장치는 마그네트론이라는 것인데, 1947년 레이더 제작업체에서 일하던 사람이 마그네트론 옆에 있던 초콜릿이 녹아 버린 것을 우연히 발견했어요. 혹시 이것이 마그네트론 때문일지 모른다는 생각에 옥수수를 근처에 두었더니 팝콘이 되어 버리고, 달걀을 두고 출력을 높였더니 달걀이 터져 버렸어요. 그 후 극초단파가 음식물 안의 수분을 빨리 진동시키면서 열을 가하지 않아도 내부에서 열이 발생하여 가열된다는 사실을 발견했고 이 원리를 이용해 전자레인지를 개발했어요. 이제 전자레인지는 각 가정에 없어서는 안 되는 가전제품으로 발전했지요. 그런데 아직도 달걀을 껍데기째 전자레인지에 넣어서 터트리는 친구는 없겠지요?

병원에서도 방사선은 필수, 의료용 방사선

치과에 가거나 뼈에 이상이 있어서 병원에 가면 가장 먼저 하는 게 뭘까요? 보통 엑스레이를 찍어요. 엑스레이는 엄밀하게 말하면 '엑스선을 이용하여 뼈와 조직을 찍는 사진'이라고 해야 하지만 여기서는 '엑스선 사진'이라고 부르도록 해요. 또 정밀검사를 위해 시티(CT, 컴퓨터단층촬영)를 찍었다는 말 들어 본 적 있나요? 엑스선 사진은 방사선의 일종인 엑스선이 피부는 잘 통과하고 뼈는 잘 통과하지 못하는 원리를 이용하여 뼈와 조직을 찍는 사진이고, 시티는 엑스선을 360도 회전하면서 찍어 정교하게 입체 엑스선 사진을 완성하는 거예요. 이 사진을 이용하여 인체를 정밀하게 층별로 진단하여 이상 여부를 판단할 수 있는 거지요.

또한 항암 치료에서 약물 치료와 함께 많이 쓰이는 것이 방사선 치료인데, 이것은 높은 에너지의 방사선을 암세포 부위에 집중 조사해서 암세포를 파괴하는 원리지요. 주위의 정상세포도 일부 파괴되어 방사선 치료 후에 머리도 빠지고 몸이 많이 힘들어하지만, 그래도 암세포를 가장 효과적으로 제거하는 방법으로 알려져 있고 최근에는 내시경 끝에 방사선 발생장치를 달아서 암세포 부위를 치료함으로써 건강한 세포에 영향을 덜 미치고 효과적으로 치료하는 방법도 개발되고 있어요.

 방사선의 단위는 보통 밀리시버트(mSv)을 사용하는데, 일반인의 연간 허용치인 1밀리시버트의 100배인 100밀리시버트 이상을 쬐면 인체에 피해가 있어요. 하지만 비행기 한 번 타는 데 0.07밀리시버트, 엑스선 한 번 촬영에 0.1밀리시버트니까 일상생활에서 연간 허용치인 1밀리시버트를 넘기는 어렵겠지요.

 그런데 암에 걸려 방사선 치료를 하게 되면 사정이 달라요. 방사선 치료는 암세포를 죽이기 위한 치료이므로 한 번 시술에 약 6000밀리시버트

엑스레이와 CT, MRI는 어떻게 다를까?

병원에 가면 엑스레이, 시티(CT), 엠아르아이(MRI) 등과 같은 검사를 하는데 이 셋의 차이는 뭘까? 먼저 엑스레이는 엑스선이라는 방사선이 밀도가 높은 물질은 잘 통과하지 못하고 밀도가 낮은 물질은 통과하는 원리를 이용한 검사로, 예를 들면 뼈와 같은 밀도가 높은 것들은 흰색으로, 밀도가 낮은 조직은 검은색으로 나온다. 주로 골절이나 뼈의 손상 여부를 알아보는 데 사용되는데, 가장 빠르고 저렴하며 간편하다. CT는 우리 몸의 단면을 엑스선으로 여러 각도에서 촬영하고, 이 영상 정보를 재구성해 단층 영상으로 만들어 낸 것이다. 엑스선의 단점이 영상이 겹쳐서 몸속 구조물이 겹쳐 보이므로 내부 상태를 정확히 파악하기 어렵다는 것인데, CT는 단면을 보여 주어서 내부의 구조를 더 잘 알 수 있다. MRI는 강력한 자석을 이용해서 몸속 세포 중에 수소원자가 자기장에 반응하는 것을 입체 영상으로 만들어 내는 원리이다. 움직임이 비교적 적고 정확한 검사가 필요한 뇌질환, 척추질환, 골수염, 무혈성 괴사, 자궁암, 난소암을 진단할 때 많이 사용하고, 엑스선이나 CT와 달리 방사선을 사용하지 않는 장점이 있다. 그러나 시간이 오래 걸리고 검사 중에 움직이면 안 되므로 폐쇄공포증이 있는 사람은 검사하기 어렵고 가격이 CT에 비해 비싸다는 단점이 있다.

정도가 조사된다고 해요. 이 정도면 탈모가 일어나고 암세포 주위의 피부 및 조직이 상하게 돼요. 그래서 암환자들이 방사선 치료를 하고 나면 탈모가 일어나고 오랫동안 힘들어하지요.

또한 방사선은 영양가나 맛, 냄새 등에 영향을 주지 않으면서 과일이나 야채 고기 등을 살균하여 안전하게 오래 보관할 수 있게 도와주어요. 감자, 마늘 등이나 씨앗 등에 방사선을 조사하면 발아(싹트기)가 억제되어 장기간 보존이 가능해서 선박을 이용한 장거리 운반을 할 때 부패를 30퍼센트까지 방지할 수 있다고 해요.

이 밖에도 오염된 토양, 폐수 및 대기오염 물질의 정화에도 방사선이 사용되고 있답니다. 예를 들면 상하수도에 방사선을 쬐어서 세균 수 및 유기오염 물질 등을 감소시키기도 해요. 또한 화학 물질로 오염된 지하수에 수년 동안 방사선을 처리한 결과 오염 물질이 정상수준으로 회복되기도 하지요. 대기 중에 주요 환경오염 물질은 SO_2(이산화황)와 NOx(질소 산화물)과 같은 물질인데 전자빔과 같은 방사선을 이용하여 환경오염 물질을 제거하는 기술을 개발하여 여러 나라에서 활용되고 있어요.

가방 안을 꿰뚫어 본다? 다양하게 활용되는 방사선

앞에서 엑스선이 피부는 잘 투과하지만 뼈는 잘 투과하지 못한다고 했지요? 이렇게 물질의 특성에 따라 투과도가 달라지는 엑스선과 같은 방사선은 기계나 부품의 결함이나 이상 유무를 알아내는 데에도 사용된답니다. 기계나 부품이 망가졌을 때 망가진 부위나 제품의 결함은 없는지 또는 용접 부위가 제대로 되었는지 분해하지 않고 알아보는 검사를 비파괴검사라고 하는데, 이때 방사선이 많이 사용되고 있어요.

해외여행 갈 때 수하물을 터널 같은 데 통과시키고 그 옆에 검사원이 모니터로 안에 무엇이 들어 있는지 검사하는 것을 본 적이 있지요? 그것도 비파괴검사와 같은 원리로 엑스선을 투

사하여 가방 내부에 어떤 물건이 들어 있는지 검사하는 장비예요. 이렇게 하면 가방을 일일이 열어 보지 않아도 그 안에 무엇이 들어 있는지 살펴볼 수 있어요. 생각해 보세요, 모든 수하물을 다 열어 보고 안에 무엇이 들어 있는지 일일이 검사한다면 얼마나 번거롭고 시간도 많이 걸리겠어요?

또한 양성자의 개수, 즉 원자 번호는 같지만 원자량이 다른 동위원소를 활용하여 오래된 미술품이나 고대 물건의 연대를 측정하기도 해요. 가장 대표적인 예로 탄소연대 측정법이 있는데, 탄소에는 크게 C12(양성자6, 중성자6)와 C14(양성자6, 중성자8)의 두 가지 동위원소가 있는데 C12는 안정된 물질인 반면, C14는 방사선 물질의 양이 절반으로 줄어드는 시간인 반감기가 약 5730년으로 불안정해요. 공기 중의 탄소로 성장하는 식물과 그 식물을 먹는 동물의 몸속의 C12, C14의 탄소 비율은 같아요. 그런데 동식물이 죽으면 공기와의 호흡을 멈추므로 몸속에서 안정된 C12는 그대로 있고 C14는 반감기에 따라 붕괴되므로 C14의 반감기에 따라 줄어든 정도를 측정하면 연대를 측정할 수 있는 거지요.

방사성 동위원소를 분석하는 방법이 때로는 범죄 수사에 사용되기도 해요. 1950년대에 미국에서 처음 시작한 '중성자 방사화 분석기술'은 체모나 토양, 사용한 물품 등 다양한 시료를 통해 현장에서 채취한 증거와 범인의 것이 같은 것인지 여부를 판단할 수 있는 방법인데, 1985년 한국에도 도입되어 사용되고 있어요. 중성자 방사화 분석기술이 쓰인 대표적인 사례는 나폴레옹의 죽음을 밝혀낸 거예요. 나폴레옹은 1821년 세인트헬레나 섬에서 유배되어 위암으로 사망했다고 알려져 있었지만 사망 직후 채취한 머리카락을 나중에 중성자 방사화 분석법으로 검사한 결과 정상인보다 비소의 함량이 10배나 높다는 것을 발견한 거예요. 결국 유배되기 몇 년 전부터 비소에 중독되어 중독사 또는 독살이 사망 원인이라는 결론을 내리게 되었지요.

미국의 케네디 대통령 암살범을 판별하는 데에도 방사화 분석법이 사용되었어요. 현장에서 잡힌 용의자 오즈월드의 손에서 화약 성분인 바륨과 안티몬이 검출되었으나 오른쪽 뺨에서는 검출되지 않아 오즈월드가 총을 쏘지 않았고 다른 저격범이 있었다는 의심을 하게 되었어요. 한편으로는 총알 파편 속의 화약 성분이 오즈월드의 손에서 채취한 성분과 같다는 분석 결과에 따라 오즈월드가 범인이라는 서로 다른 판단도 하게 되었어요. 비록 오즈월드가 범행 후 다른 범인에 의해 살해되어 케네디 대통령의 암살은 아직도 미궁에 빠져 있지만 방사화 분석법으로 이전에는 불가능했던 다양한 분석이 가능해졌어요. 이처럼 방사선과 방사능은 우리 생활 곳곳에 이미 다양하게 활용되고 있어요.

핵의 구조와 동위원소

핵의 구조

핵반응, 핵폭발과 같은 말을 이해하려면 원자핵과 전자로 구성된 원자의 구조를 먼저 알아야 해요. 좀 어려울지 모르지만 한번 살펴봐요.

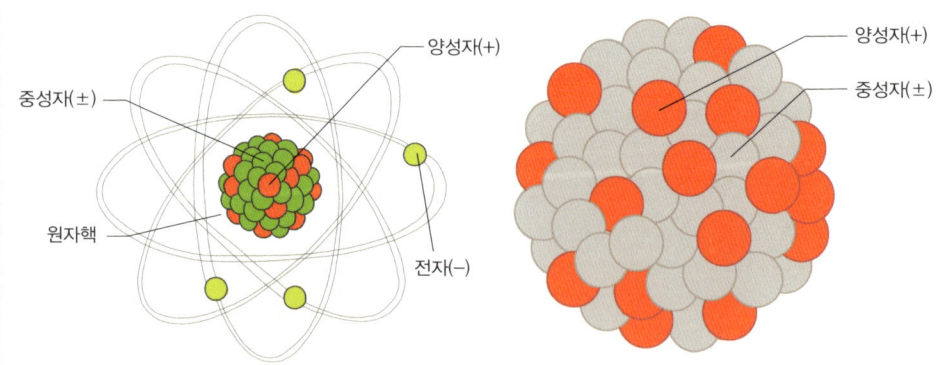

원자의 구조

- 원자 : 화학반응을 통해 더 쪼갤 수 없는 단위예요. 물질의 기본 특성을 나타내는 주기율표의 기본 단위로 원자핵과 전자로 구성되어 있어요. 원자의 무게를 이야기할 때 전자의 무게는 원자핵보다 무시할 만큼 작으므로 일반적으로 원자핵의 무게로 원자의 무게를 따져요.
- 원자핵 : 양성자와 중성자로 구성되어 있으며 양성자와 중성자의 질량은 같고 양성자는 전기적으로 양성을, 중성자는 중성을 띠므로 원자핵

의 전기적 성질은 양성자가 결정해요. 그리고 주기율표의 원자번호는 바로 양성자의 숫자예요.
- 전자 : 기본적으로 양성자와 같은 개수의 전자가 정해진 에너지에 따른 전자 껍질을 따라 돌며 원자핵을 감싸고 있어요.

동위원소

원자 번호, 즉 양성자의 개수는 같지만 중성자의 숫자가 달라 원자핵의 질량이 다른 원소를 동위원소라고 해요. 즉 원자핵에서 양성자와 전자의 숫자는 같지만 중성자의 숫자가 다른 경우지요. 양성자와 전자의 숫자가 같으므로 화학적 성질은 같고 중성자의 숫자가 다르므로 질량이 달라 질량 차이로 분리해 낼 수 있어요. 또한 동위원소는 원자핵이 불안정하여 방사선을 방출하는 경우가 있는데 이러한 현상을 검사나 연대 측정 등에 사용하기도 해요.

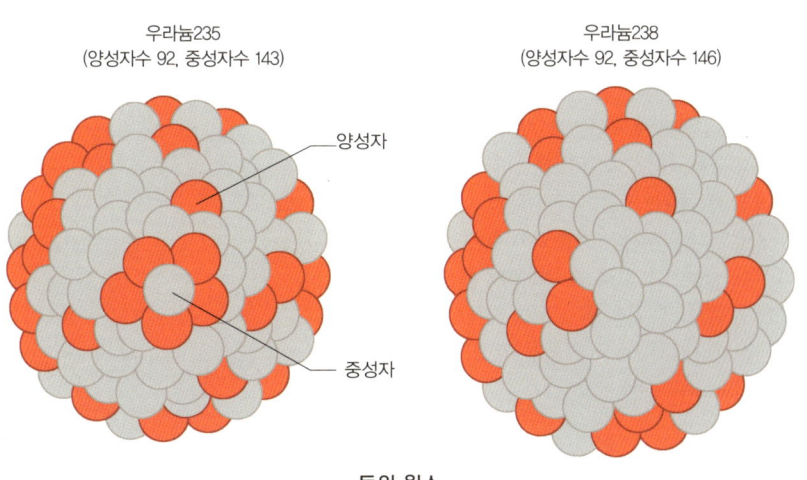

동위 원소

원자력 발전의 원료로 사용되는 우라늄

앞에서 방사선이 우리 생활에 많이 사용되고 있는 것은 잘 알았지요? 이번에는 원자력 발전에 우라늄이 어떻게 사용되는지 알아봐요.

1938년 독일의 프리츠 슈트라스만과 오토 한은 우라늄과 같이 질량수가 큰 원소에 중성자가 충돌하면 가벼운 원소로 쪼개지면서 2~3개의 중성자와 함께 큰 에너지를 내놓는다는 사실을 발견했어요. 이것을 핵반응이라 부르지요. 쪼개진 원소들과 중성자 무게의 합은 반응 전 우라늄보다 작아 이 질량 결손이 막대한 에너지로 바뀌게 된 거예요. 그리고 이때 나오

tip
핵분열을 유도하는 중성자는 어디에서 나왔을까?

모든 원자는 원자핵과 전자로 되어 있고 원자핵은 양성자와 중성자로 구성되어 있다. 양성자의 숫자는 같은데 중성자의 숫자가 다른 원자를 동위원소라 하는데, 이들 동위원소는 불안정해서 저절로 원자핵에서 중성자나 양성자가 방출되어 주변으로 퍼지게 된다. 우라늄을 고농도로 농축하면서 중성자를 발생시키는 동위원소를 통해 중성자를 발생시키면 이들 중성자가 근처의 다른 우라늄을 때려 핵분열 반응을 연쇄적으로 일으킨다.

화학반응과 핵반응은 어떻게 다를까?

화학반응은 두 가지 이상의 물질 사이에 화학 변화가 일어나서 다른 물질로 변화하는 과정을 일컫는다. 식물의 광합성이나 동물의 호흡은 화학반응이고, 물질이 산소와 화합하여 빛과 열을 내는 현상인 연소도 화학반응이다. 화학반응은 원자핵의 변화 없이 원자 사이의 화학적 결합이 바뀌어 전자의 개수와 위치가 바뀌는 변화이며 이 과정에서 원자핵이 변하지 않으므로 질량의 변화는 없다. 반면, 핵반응은 원자핵이 쪼개지거나 합치는 등 변하는 반응이다. 이 과정에서 반응 전후의 질량이 다르므로 이 질량 차이가 핵반응의 에너지로 사용된다.

는 2~3개의 중성자는 주위에 있는 다른 우라늄과 충돌하면서 우라늄 붕괴가 지속적으로 일어나게 하는데 이런 현상을 연쇄반응이라고 해요. 우라늄 연쇄반응이 순식간에 일어나면서 커다란 열이 한꺼번에 발생하면 원자 폭탄이 되는 것이고 연쇄반응을 잘 조절해 거기서 나오는 열을 이용하여 전기를 만들어 내는 것이 바로 원자력 발전소예요.

　원자력 발전은 태양광이나 풍력처럼 태양이나 바람을 필요로 하지 않고, 또한 석탄이나 석유처럼 산소를 필요로 하지 않으면서 많은 에너지를 적은 양의 우라늄으로 오랫동안 만들어 낼 수 있지요. 그래서 장거리 우주탐사 로켓이나 심해에 오랫동안 머물러야 하는 잠수함처럼, 외부와 고립된 환경에서 오랫동안 많은 에너지를 안정적으로 필요로 하는 경우에 가장 적합한 에너지 공급원으로 사용되고 있어요.

우연히 발견한 방사선

방사선을 최초로 발견한 사람은 독일의 물리학자 빌헬름 뢴트겐(1845~1923)이에요. 당시 유럽에서는 음극

선(전자선), 즉 전자기적 성질을 가진 입자들의 흐름에 대한 연구가 한창이었어요. 1895년 11월 어느 날, 뢴트겐은 음극선관을 만들어 얇은 알루미늄 막을 뚫고 나오는 전자선이 밖으로 나오지 못하도록 두껍고 검은 마분지로 싸 놓고 있었어요. 그런데 근처 책상 위에 두었던 사진 건판이 무언가에 반응한 흔적을 발견했어요. 건판은 사진에 쓰는 감광판인데, 유리 같은 투명한 것에 감광액을 바르고 암실에서 말려 만들고 빛에 노출되지 않도록 보관해요. 당시는 아직 사진 필름이 발명되기 전이어서 사진 건판을 이용해서 사진을 찍었지요.

  뢴트겐은 전자선이 나올 수 없는 상황에서 사진 건판의 흔적을 그냥 지나치지 않고 이것이 전자선이 아닌 다른 광선일지 모른다는 생각에 실험을 계속했어요. 그리고 이것이 새로운 광선임을 확인했고, '미지의 광선'이라는 뜻에서 엑스선이라 이름 붙였어요. 그는 엑스선이 두꺼운 종이와 나무, 고무, 천 등의 물질은 쉽게 투과하지만 얇은 납은 투과하지 못하고, 또한 피부는 잘 투과하지만 뼈는 투과하지 못한다는 사실도 발견하게 되었어요. 뢴트겐은 아내의 손을 엑스선으로 찍었는데, 뼈가 고스란히 찍힌 이 사진을 본 아내는 너무 놀라 "나의 죽음

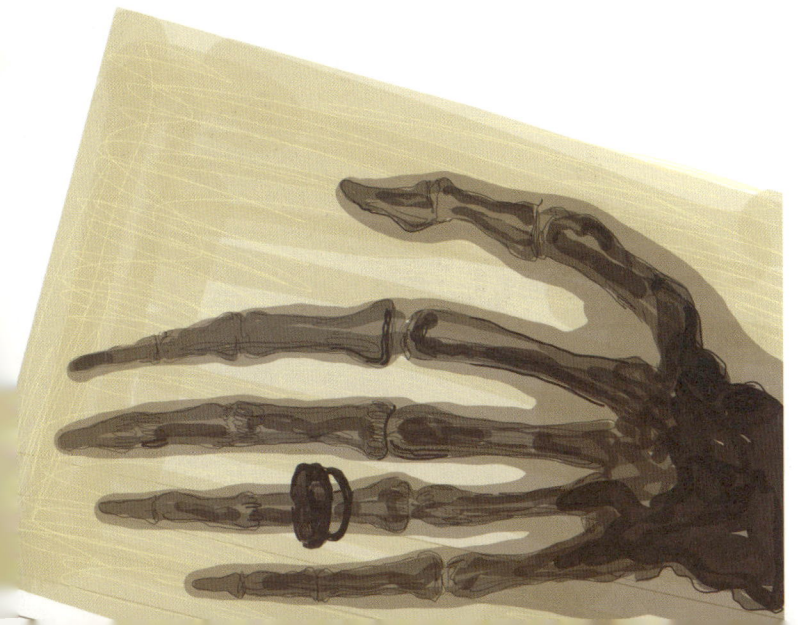

을 보았다!"라고 했다고 하지요. 뢴트겐은 자신이 발견한 이 내용을 정리하여 1895년 12월 '새로운 종류의 광선에 관해서'라는 논문을 제출하였고, 이 논문으로 1901년에 제1회 노벨 물리학상을 수상했어요.

  한편 프랑스에서 앙투안 앙리 베크렐(1852~1908)은 뢴트겐이 엑스선을 발견했다는 소식을 듣고, 자신이 연구하던 중인 형광과 인광이 엑스선과 어떤 관계가 있지 않을까 궁금했어요. 어떤 물체가 빛을 받으면 그 전체 또는 일부를 빛으로 방출하는데, 빛이 비추는 동안만 빛을 내면 형광, 빛이 사라져도 나중에 빛을 내면 인광이라고 해요. 베크렐은 형광과 인광의 원리와 발생 방법에 대해 연구하던 중이었지요. 그런데 우라늄 광석을 검은 종이에 싸서 사진 건판과 함께

서랍에 넣어 두었더니, 사진 건판에 마치 광선에 반응한 것 같은 검은 자국이 생긴 것을 발견한 거예요. 검은 종이에 싸두었으므로 형광이나 인광 등 아무 빛이 없는 상태였는데 빛에 반응한 것 같은 현상이 생긴 거지요. 베크렐은 이것이 뢴트겐이 발견한 엑스선처럼 사진 건판을 자극하는 광선일지 모른다는 생각에 연구를 계속하여 이 광선이 엑스선과 유사하지만 전자선이 아닌 우라늄 자체에서 나온다는 사실을 알게 되었고, '베크렐선'이라 불렀어요. 그리고 엑스선이나 베크렐선처럼 어떤 불안정한 원소에서 안정한 원소로 붕괴될 때 나오는 광선을 나중에는 '방사선'이라

퀴리 부인은 방사능 때문에 사망했을까?

퀴리 부인은 라듐을 발견했을 때 외부에서 에너지를 받지 않아도 빛을 내는 원소라 하여 라틴어로 '광선'을 뜻하는 라듐이라 이름 붙였다. 이 라듐은 프랑스에서 단번에 인기를 끌었는데 어둠 속에서도 미소를 보여 줄 수 있다고 해서 입술이나 손톱, 심지어는 치아에도 발랐다고 한다. 또한 미국 뉴저지의 시계 공장에서는 캄캄한 밤중에도 시계를 볼 수 있도록 시곗바늘에 라듐을 칠했다. 그 일을 하는 여성 노동자들은 붓끝을 뾰족하게 만드느라 라듐을 묻힌 붓끝을 혀에 대기도 했다. 당시에는 라듐과 같은 방사성 물질의 위험성을 전혀 몰랐기 때문이다. 라듐의 위험성은 라듐 성분이 들어간 페인트로 칠을 하던 극장 여성 노동자들이 죽어 가면서 알려지게 되었다. 시계 공장의 라듐 작업자들은 영문도 모른 채 이빨과 머리카락이 빠진 뒤 죽어 갔다. 마리 퀴리도 1934년 숨을 거둘 무렵 손가락에 라듐으로 인한 화상투성이였고 백내장, 골수암, 백혈병 등으로 사망했다고 한다.

베크렐과 퀴리 부부는 방사선을 발견한 공로로 1903년 제2회 노벨물리학상을 수상하게 되었다. 그리고 방사선 발견을 기념하여, 베크렐(Bq)을 방사능 세기를 나타내는 단위로 사용하고 있다.

폐암의 원인이 되는 라돈

우리나라에서 라돈이 검출된 침대 매트리스 때문에 시끄러웠던 적이 있는데, 라돈은 퀴리 부인이 발견한 라듐에서 생기는 기체 상태의 방사성 원소이다. 그리고 라듐은 우라늄이나 토륨이 붕괴해서 생긴다. 라돈은 자연 상태에서 바위나 흙이 있는 곳이면 어디든 발생하며, 알파선을 방출하는 특징이 있다. 그래서 폐로 라돈을 흡입하면 폐암의 원인이 된다고 한다. 그러나 일반적으로 라돈은 발생한 지 3.8일이면 다른 물질로 바뀌어 라돈의 성질을 잃으므로 가정이나 일반적인 환경에서는 환기만 잘하면 전혀 문제가 되지 않는다. 그런데 방사능 물질을 다량 함유한 물질을 침구에 사용하게 되면 얼굴을 맞대고 자는 침대나 침구에서 방사능 물질이 방출되므로 문제가 달라진다. 원자력안전위원회 실험 결과 50센티미터만 떨어져도 라돈의 농도가 급격히 떨어지지만, 거리가 지나치게 가까우면 라돈이 폐로 직접 흡수되어 폐 안에서 알파선을 내뿜어 폐암 발생의 원인이 될 수 있다.

부르게 되었지요.

우라늄에서 방사선이 나온다는 발견은 여러 과학자의 호기심을 불러일으켰고, 퀴리 부부는 우라늄 외에 베크렐선과 유사한 방사선을 방출하는 다른 물질을 찾아 실험했어요. 그 결과 1898년에 우라늄보다 사진 건판에 반응하는 힘이 400배나 더 강한 물질을 찾아 분리해 냈어요. 마리 퀴리는 조국 폴란드를 기리는 의미에서 그 물질에 '폴로늄'이라 이름 붙였고, 퀴리 부부는 이후에도 토륨, 라듐 등의 방사성 물질도 발견해 냈지요.

위대한 발견은 실수와 우연에서

뢴트겐은 사진 건판에 나타난 이상한 흔적을 추적하다가 엑스선을 발견하게 되었어요. 사실 전자선에 의해 사진 건판이 반응한 현상은 이미 전자선을 연구하던 많은 과학자들도 발견했던 것이지만 다들 사진 건판이 불량이라고 불평을 했다고 해요. 그런데 뢴트겐은 달랐어요. 사진 건판 불량이 아니라 이것이 눈에 보이는 빛인 가시광선이나 전자선이 아닌 다른 광선일 수도 있다고 생각했던 거예요. 이처럼 실수나 우연한 현상을 지나치지 않고 위대한 발명의 기회로 삼은 많은 예들이 있는데 몇 가지 살펴보기로 해요.

세계인의 음료수 코카콜라는 사소한 실수로 인해 탄생했어요. 미국에서 남북전쟁 후 힘든 재건 사업으로 많은 사람들이 쓰러지자 건강회복 목적으로 코카나무 추출물과 향에 알코올을 섞어서 '프렌치 와인 코카'라는 시럽을 만들어 팔았어요. 그러나 알코올 성분 때문에 많은 사람이 마시지 못하자 물을 섞으려 했는데 실수로 탄산수를 섞고 말았어요. 그런데 이 맛을 사람들이 너무 좋아하자 이름을 코카콜라로 바꾸고 팔기 시작한 거예요.

세탁소에서는 양복이나 바지 같은 옷을 드라이클리닝해요. 드라이클리닝은 프랑스의 염색 공장에서 직원이 염색 테이블에 실수로 램프의 등유를 쏟으면서 발견되었어요. 이 실수로 인해 작업은 중단되었지만 당시 공장장은 등유로 테이블보의 염색약 얼룩이 지워진 점에 주목했어요. 그 점에 착안해

물 없이 등유로 세탁하는 드라이클리닝 방법을 발명했지요.

흔히 쓰는 안전유리를 발견한 것도 우연한 계기였어요. 프랑스의 과학자 베네딕투스는 자동차 사고 때 날카롭게 깨지지 않는 안전유리를 개발하려고 15년 동안 연구 중이었지만, 성과를 못 내고 있었어요. 어느 날 고양이가 들어와 실험실을 엉망으로 만들었는데, 어떤 시험관은 깨지지 않고 금만 간 것을 발견했어요. 그 시험관 속에 넣어 두었던 셀룰로이드가 얇은 필름으로 굳어서 깨지는 것을 방지한 거예요. 이것에 착안해서 유리 사이에 셀룰로이드 필름을 끼워 지금의 안전유리를 만들어 냈답니다.

3M의 포스트잇 이야기도 잘 알고 있죠? 1970년 스펜서 실버는 3M 연구실에서 초강력 접착제 연구를 하다 실수로 어떤 물질을 많이 넣어서 너무 잘 떨어지는 접착제를 만들어 버렸어요. 쓸모없는 이 접착제를 잊어먹고 있다가 어느 날 메모지를 붙였다 떼는 데 사용하면 어떨까 하는 아이디어를 떠올려요. 그렇게 세계적 히트 상품인 '포스트잇'이 만들어졌어요.

핵반응의 발견과 핵폭탄

1900년대 초반에는 놀라운 연구들이 속속 진행되었어요. 1905년에는 질량이 에너지로 변환될 수 있다는 아인슈타인의 특수 상대성 이론에 의해 오랫동안 믿어 왔던 질량 보존의 법칙이 깨어졌어요. 그 전까지는 원자는 더 이상 쪼갤 수 없고 화학식에서 반응 전과 반응 후 질량은 보존된다는 질량 보존의 법칙이 보편적이었지요. 1938년 독일의 프리츠 슈트라스만과 오토 한이 핵반응을 처음으로 발견했을 때 아인슈타인의 상대성 이론은 실제임이 증명되었어요. 즉, **핵반응 후 질량 결손이 엄청난 에너지로 바뀐다**는 것을 확인한 것이지요. 우라늄의 핵반응은 같은 질량의 다이너마이트 폭탄보다 무려 1만 배나 그 폭발력이 컸어요.

당시는 제2차 세계대전 발발의 위험으로 세계 각국이 긴장하고 있었던 때였는데, 이렇게 **핵반응에서 엄청난 에너지가 나온다면 무시무시한 폭탄이 될 수 있다**고 과학자들이 생각하게 되었어요. '누가 이 무기를 먼저 손에 넣느냐에 따라 인류 역사가

뒤바뀔 수 있다.'라는 염려가 과학자들 사이에서 직감적으로 생기게 되었던 거예요.

그러던 중 몇몇 과학자들이 아인슈타인을 통해 미국의 루스벨트 대통령에게 독일이 핵폭탄을 개발 중이며 독일보다 먼저 핵폭탄을 만들어야 한다고 탄원했어요. 영국의 처칠 수상도 적극적으로 지지하여 결국 루스벨트 대통령은 1942년 8월 핵무기 개발을 승인하여 원자 폭탄을 개발하는 '맨해튼 계획'을 비밀리에 추진하게 되지요. 미국은 얼마 후 폭탄에 사용될 우라늄을 확보하여 핵폭탄을 만들게 되었고, 1945년 7월 드디어 최초로 핵실험에 성공했어요. 이렇게 개발에 성공한 핵폭탄을 1945년 8월 6일에 히로시마, 9일에 나가사키에 각각 한 개씩 떨어뜨려 안타깝게도 수만 명의 사상자가 났고 일본은 그해 8월 15일 연합군에 항복을 하게 되었지요.

핵폭탄에 일본이 항복하자 제2차 세계대전이 끝나면서 평화가 찾아올 줄 알았어요. 그런데 맨해튼 계획에 참여했던 일부 과학자들이 극비 자료를 소련(지금의 러시아)에 건네면서 4년 후에 핵개발에 성공하게 되고, 미국과 소련은 본격적으로 핵 군비 경쟁에 돌입했어요. 이러한 상황을 보게 된 아인슈타인은 자신이 루스벨트 대통령에게 편지를 보내 원자 폭탄을 개발하게 하고 그 결과 핵 군비 경쟁이 심해진 사실을 두고두고 후회했다고 해요.

원자력 발전이 전기료를 낮추다

제2차 세계대전이 끝나고 난 후에 핵반응의 위력은 원자력 발전소를 통해 평화적으로 이용되기 시작했어요. 미국을 비롯한 소련과 영국 등 여러 나라에서 앞다투어 원자력 발전소를 건립하기 시작한 거죠. 프랑스, 일본과 캐나다도 원자력 발전소 건설에 집중하였고 한국도 1978년 고리 원자력 발전소 1호기를 시작해서 현재까지 24개의 원자력 발전소가 가동 중이에요.

원자력 발전의 가장 큰 매력은 온실가스를 거의 배출하지 않으면서 가격이 낮다는 점이지요. 석탄이나 석유, 천연가스 대비 30퍼센트 정도까지 저렴할 수 있으니까 전기요금을 낮추는 데 큰 기여를 한 셈이지요. 이처럼 값싸고 안정적인 전력공급원으로서 원자력은 상당한 매력이 있답니다.

우리나라는 6.25 전쟁 후 경제발전을 거듭하면서 한참 전기수요는 늘어나는데 천연자원이 부족해서 미국과 캐나다 등으로부터 원자력 기술을 들여와 집중적으로 육성하게 되었어요. 그 결과 현재 가동 중인 원자력 발전소가 24개로 세계 5위를 차지하고 있어요. 우리나라 전체 전기생

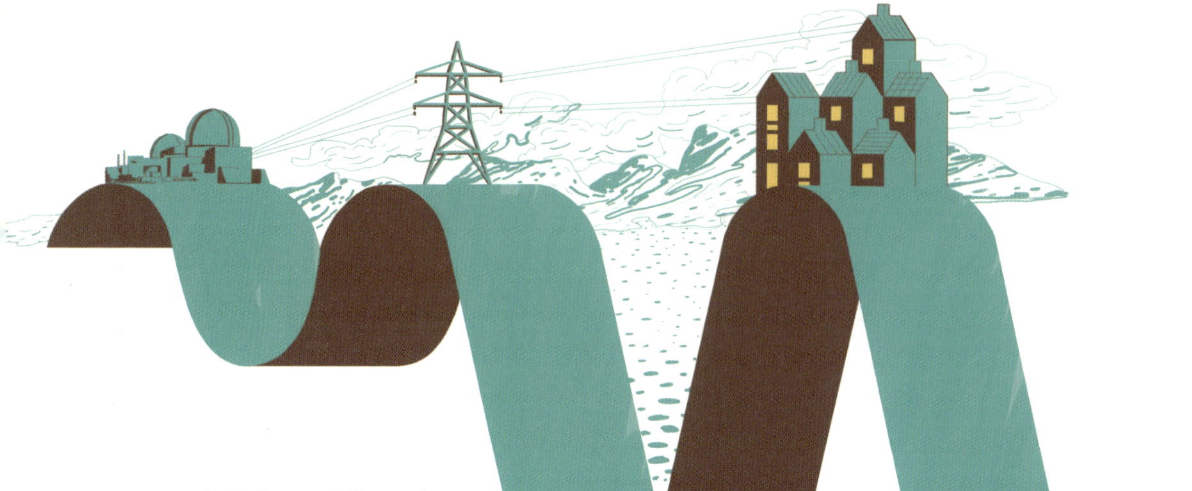

산량의 30퍼센트 정도를 원자력에서 공급하고 있지요. 프랑스의 경우는 70퍼센트가 넘어요. 이렇게 싼 가격에 전기를 공급할 수 있어서 전기를 많이 사용하는 제조업 기반의 경제발전에 많은 기여를 하게 되었지요.

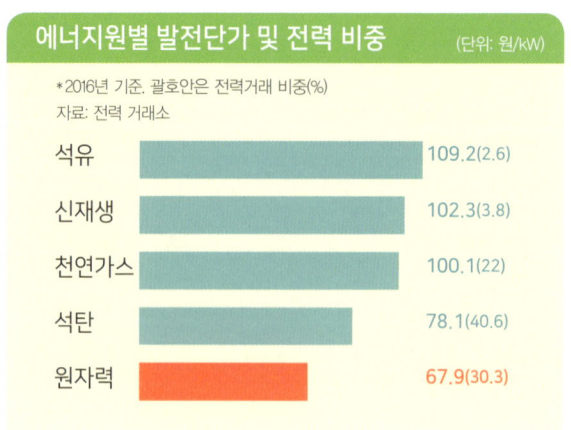

에너지원별 발전단가 및 전력 비중 (단위: 원/kW)

*2016년 기준. 괄호안은 전력거래 비중(%)
자료: 전력 거래소

- 석유   109.2(2.6)
- 신재생   102.3(3.8)
- 천연가스 100.1(22)
- 석탄   78.1(40.6)
- 원자력   67.9(30.3)

슬픈 원자력 발전 사고 이야기

원자력 발전은 이산화탄소를 발생시키지 않으면서 비교적 값싸게 전기를 생산할 수 있다는 장점도 있지만 한번 사고가 발생해서 발전소 내부의 방사능 물질이 유출되면, 폭발하지 않더라도 방사능으로 인해 심각한 사태를 일으킬 수 있어요. 방사능의 피해는 일본에 원자 폭탄이 떨어졌을 때 똑똑히 보았기 때문에 원자력 발전소를 짓고 운용할 때 방사능 물질의 유출을 철저히 막으려고 노력하지만 그럼에도 몇 번의 커다란 사고가 발생했답니다.

먼저 미국의 스리마일 원전 사고가 있어요. 1976년 3월 미국 펜실베이니아주 근처의 스리마일이라는 섬에 새로 지어진 원자력 발전소가 운전을 시작한 지 4개월 정도 되었을 때였어요. 원자로의 온도를 조절하는 급수 시스템에 문제가 생겨 내부온도가 통제되지 못하고 올라가는 바람에 내부의 연료봉이 녹아내리면서 건물 내의 방사능 수치가 정상치의 1000배 이상 올라가는 사태가 발생했어요. 비록 대기 중으로 유출된 방사능은 엑스선에 한 번 쪼인 것과 비슷한 정도로 크지는 않았지만, 이 사건으로 원자력 발전의 안전성에 대한 논란은 물론 불신과 공포도 커졌지요. 새로운 원자력 발전소 건설을 반대하는 시민운동도 활발해져 결국 당시 미국 대통령이었던 지미 카터는 "미국은 새 원전을 짓지 않는다."라고 선언까지 하게 되었답니다.

또 한 번의 커다란 원전 사고는 1986년 우크라이나와 벨라루스 국경 근처 체르노빌 원자력 발전소에서 발생했어요. 원자로 내의 비정상적인 핵반응으로 발생한 열을 냉각수가 식히지 못하고 오히려 그 열로 냉각수가 분해되면서 발생한 수소가 원자로 내부에서 폭발하여 천장을 통해 방사성 물질이 유출된 사고예요. 이 사고로 인해 현장 작업자들 수십 명이 사망하고, 유출된 방사능으로 인근 국가 사람들, 특히 어린이들에게 갑상샘암 등의 발병이 급격하게 늘었다고 해요. 그리고 인근 지역 일부에서는 돌연변이 식물이 발견되기도 하면서 현재까지 최악의 원전 사고로 기억되고 있어요.

가장 최근에 발생한 사고로는 2011년 3월 일본 후쿠시마 원전 사고예요. 당시 정상 가동 중이던 후쿠시마 원자력 발전소 1~3호기는 규모 9.0의 대규모 지진 발생으로 안전장치가 가동하여 긴급 정지되었어요. 그런데 원자로가 안전하게 정지 상태를 유지하려면 비상발전기로 내부의 열을 식혀 주어야 하는데 지진 발생 후 덮친 15미터 높이의 해일로 비상 전원 시스템이 침수되어 버린 거예요. 결국 원자로 내부의 열을 식히

지 못해 방호벽이 녹아내리면서 방사능 물질이 대기 중으로 유출되고 말았지요. 비록 이 사고로 인한 방사능으로 죽은 사람은 없지만 인근 지역은 아직도 접근이 제한되고 있고, 대기와 바다를 통해 유출되는 방사능 물질 피해 조사와 복구는 지금도 진행 중이랍니다. 이처럼 원자력 발전소는 아무리 안전하게 운전한다고 할지라도 한번 사고가 발생하면 다른 어떤 발전 설비보다 커다란 피해를 오랜 기간 동안 미치게 되지요.

그래도 원자력은 안전할까?

비행기와 자동차 중 어느 것이 더 위험할까요? 비행기는 한번 사고가 나면 수백 명이 목숨을 잃으니까 비행기가 더 위험할까요? 아니면, 자동차로 목숨을 잃는 숫자가 훨씬 많으니까 자동차가 더 위험할까요? 참 대답하기 쉽지 않은 질문인 것 같아요. 한 번의 사고에서는 비행기가 훨씬 피해가 크지만 전체적인 피해 숫자나 금액으로 따지면 자동차가 훨씬 더 크니까요.

그렇다면 두 가지 운송수단이 주는 이익과 위험 두 가지를 모두 고려했을 때 비행기나 자동차 둘 중 하나가 다른 하나보다 더 우월하거나 열등하다고 말할 수 있을까요? 더 나아가서 그렇기 때문에 둘 중에 하나를 없애고 나머지 한 가지만 사용하자고 누가 이야기한다면 어떤 생각이 드나요?

원자력은 위험하기 때문에 더 이상 사용해서는 안 된다는 주장은 비행기와 자동차 중 하나를 없애야 한다는 이야기와 크게 다르지 않아요. 물론 원자력 발전은 아무리 안전하게 운전한다고 해도 앞에서 이야기한 것처럼 한번 사고가 발생하면 다른 어떤 발전 설비보다 피해가 크고 또한 그 피해가 세대를 거쳐 유전된다는 것이 크게 다른 점이지요.

　최근 미얀마에서는 수력 발전소 붕괴로 수백 명이 사망하고 여러 마을이 쓸려 나가는 피해를 입었어요. 중국의 화력 발전소와 공장에서 나온 미세 먼지로 인해 중국과 우리나라 국민들은 매년 몇 달씩 호흡 곤란이나 천식 등으로 고통을 받고 있지요. 그렇다면 그 피해 때문에 수력 발전소를 없앤다거나 중국에 그 많은 공장들이 모두 문 닫아야 한다고 결정할 수 있을까요? 이처럼 어느 것이 더 위험하고, 어느 것이 더 피해가 큰가 하는 질문은 간단히 답하기는 어려워요.

　그럼에도 불구하고 한번 사고가 나면 원자력 발전은 피해가 너무 크지요. 그러나 '그렇기 때문에 더 이상 원자력 발전소를 지어서는 안 된다'는 논리는 좀 더 균형 잡힌 시각에서 생각해 봐야 해요. 뒤에서 조금 더 자세하게 이야기하겠지만 원자력은 현재까지 가장 값싼 에너지이고 석유나 천연가스보다 우라늄은 넓은 지역에 분포되어 에너지 안보 차원에서도 분명한 이점이 있기 때문이지요.

　'원자력은 안전한가, 위험한가?'라는 질문은 조금 더 알아보고 다양한 각도에서 생각해 보기로 해요.

Chapter 3
원자력의 두 가지 형태, 핵분열과 핵융합

핵분열과 핵융합은 어떻게 다를까?

앞에서 방사선과 원자력에 대한 이야기를 많이 하였는데, 이제껏 설명한 내용은 핵분열에 대한 이야기이고 사실 원자력 발전으로 에너지를 얻는 방법에는 핵융합이라는 반응이 또 있어요. 그럼 핵분열과 핵융합이 어떻게 다른지 한번 알아보도록 할까요?

핵분열은 우라늄과 같이 무거운 원자핵에 중성자가 충돌하여 2~3개의 중성자와 함께 우라늄보다 가벼운 물질로 분열되는데, 이것을 핵분열 반응이라 해요. 이때 반응 전 우라늄보다 반응 후 물질의 질량 합이 작은데 이 질량 결손 부분이 에너지로 변해 그 에너지를 활용하는 거지요. 핵반응 때 나오는 중성자가 주위의 다른 우라늄을 분열시켜 연쇄반응이 일어나는데 이 반응을 조절하면서 적당하게 열이 나오도록 하면 발전이 되고 순식간에 연쇄반응이 일어나면 폭탄이 되는 거예요.

한편 핵융합 반응은 핵분열 반응과 반대라고 보면 돼요. 수소와 같은 가벼운 원자핵들을 높은 온도로 가열하면 에너지가 높아져 빠른 속도로 이동하게 되지요. 태양의 중심 온도인 섭씨 1500만 도 이상이 되면 이 물질들이 부딪혀 하나의 무거운 핵으로 변하는 현상을 핵융합 반응이라고

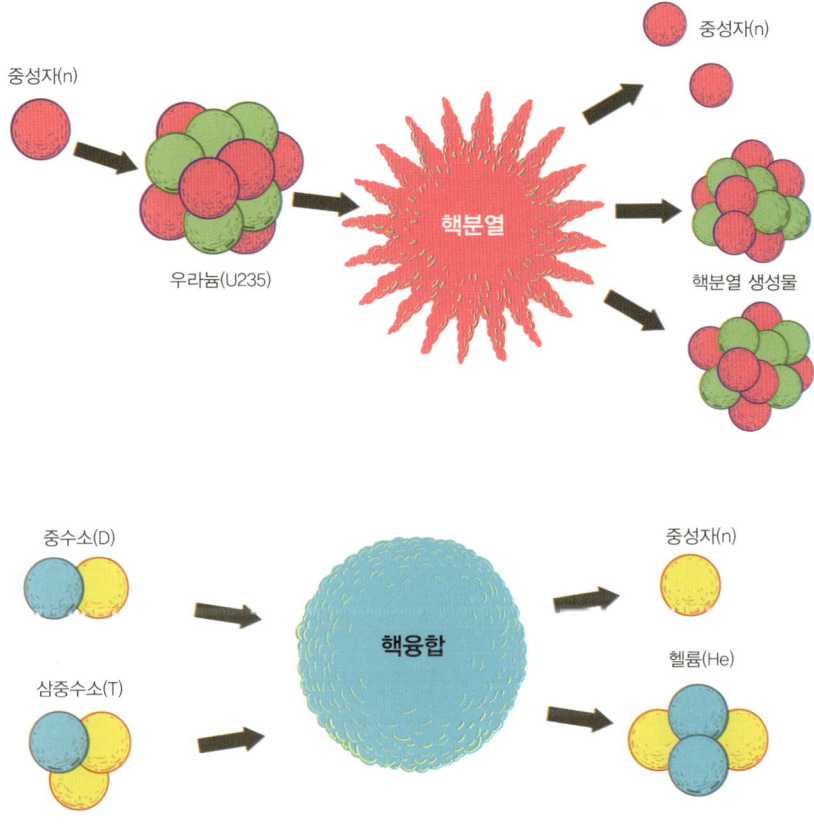

핵분열과 핵융합

해요. 이때에도 반응 전 물질의 질량 합보다 반응 후 물질의 질량 합이 적은데 이때 생기는 질량 결손이 핵융합 에너지로 사용될 수 있어요. 핵융합 반응으로 얻을 수 있는 단위 질량당 에너지는 핵분열 반응보다 7배나 된다고 해요.

핵분열, 핵융합 에너지는 원자핵이 깨어지고 합쳐질 때 생기는

질량 결손으로 막대한 에너지가 나온다는 점은 비슷하나 각각 서로 다른 장단점을 가지고 있어요. 핵분열 발전은 다른 발전에 비하여 초기에 건설 비용이 많이 들지만 연료비가 상대적으로 싸기 때문에 비교적 저렴한 에너지를 얻을 수 있고 이산화탄소를 배출하지 않는다는 장점이 있어요. 또한 석유는 몇몇 산유국에서만 생산하지만 우라늄은 전 세계 대륙별로 비교적 넓은 지역에 분포되어 있어서 에너지 안보 차원에서 장점이 있고 매장량도 석유보다는 많아서 100년 이상 쓸 수 있다고 해요. 반면, 단점으로는 우라늄도 매장량이 한정된 천연자원이며 사고가 발생할 경우 방사능 물질의 유출 위험과 발전소에 나오는 방사능 폐기물의 처리 문제가 해결해야 할 점이지요.

한편, 핵융합 발전은 원료인 중수소는 바닷물에서 무한히 얻을 수 있고, 삼중수소는 합성할 수 있어요. 비록 중수소와 삼중수소가 자연에 존재하는 비율은 극히 낮지만 바닷물이 무한하기 때문에 원료가 고갈될 걱정은

핵융합, 핵분열, 화력 발전 그리고 신재생 발전의 차이

원자력 발전소가 기존의 화력 발전소나 수력 발전소와 다른 점은 무엇일까? 원자력 발전소나 화력 발전소, 수력 발전소 모두 터빈을 돌려서 거기에 연결된 발전기를 통해 전기를 생산한다는 점에서는 같지만, 터빈을 돌리는 방식이 다르다. 먼저, 화력 발전은 석탄이나 천연가스를 태워서 증기를 발생시켜 터빈을 돌리는 방식이고, 수력 발전은 물의 흐름으로 터빈을 직접 돌린다. 이에 비해 원자력 발전소는 핵반응에서 나오는 열을 증기로 바꾸어 터빈을 돌린다. 그 밖에도 광전효과(어떤 물질이 빛을 쪼이면 전자를 내보내는 특성)를 이용한 태양광 발전소, 태양열을 이용하는 태양열 발전소, 바람을 이용하는 풍력 발전소, 조수 간만이나 파도를 이용한 조력 발전소, 땅속의 열을 이용하는 지열 발전소 등 여러 신재생 에너지 발전소가 있다.

핵분열 발전(원자력 발전)과 핵융합 발전 비교

구분	핵분열 발전(원자력 발전)	핵융합 발전
개념	핵분열 에너지 이용	핵융합 에너지 이용
연료	우라늄 등	중수소, 삼중수소 등
연료 가격	발전단가의 5%	중수소 : 리터당 약 10만 원 (연간 5천만 원)
에너지 방출량	농축 우라늄 1킬로그램은 석유 50톤, 석탄 100톤	원자력 발전의 4.5배
안전성	• 일반적 고장에는 매우 안전하지만 냉각 계통의 고장 등 통제 불능 때 심각해질 가능성 잠재	• 매우 안전 • 연료가 가스 상태로 공급되기 때문에 노심에는 3~5초간 장치를 가동시킬 수 있는 연료만 들어 있음 • 원전 사고와 같은 대규모 에너지 유출이 불가능하며 자발적으로 꺼지도록 설계
폐기물	• 고준위 방사성 폐기물 • 주요 구조물은 영구적으로 폐기해야 함(연간 100만 킬로와트, 발전소당 25톤 생성)	• 고준위 방사성 폐기물 원천적으로 없음 (방사능량 원자력 발전의 0.04%)
건설비 (100MW)	약 4조 원 (한국형 경수로 기준)	약 4조 원 (상용화시 비용 절감 가능)
폐로	• 폐로 비용 최대 0.8억 달러 • 수명 : 40~80년	• 일반설비 해체와 비슷 • 수명 : 평균 40년 추정

없다고 볼 수 있지요. 핵융합은 또한 이산화탄소를 전혀 배출하지 않을 뿐더러 방사능 폐기물을 거의 배출하지 않아 친환경이면서 인류의 미래 에너지를 해결할 잠재력을 가지고 있어요.

마지막으로 핵분열과 핵융합의 큰 차이는 핵분열은 일반적으로는 안전

핵융합 발전의 연료, 중수소와 삼중수소

핵융합 발전의 연료가 되는 중수소와 삼중수소는 수소의 동위원소이다. 자연계에 존재하는 99.99퍼센트 이상 대부분의 수소는 양성자 1개와 전자 1개로 구성되어 있고, 중수소는 양성자, 중성자, 전자 각 1개, 삼중수소는 양성자 1개와 중성자 2개, 전자 1개로 구성되어 있다. 원자는 양성자와 중성자를 합쳐서 하는 말이고, 이 숫자가 원자량이다. 그러므로 수소는 원자량이 1, 중수소와 삼중수소는 각각 2, 3이 원자량이다. 중수소의 자연 존재 비율은 극히 미량으로 0.01% 미만이다.

수소의 동위원소

수소($_1^1H$) 중수소($_1^2H$) 삼중수소($_1^3H$)

+ 양성자
○ 중성자
− 전자

하지만 원자로 내부에 연료봉을 가지고 있으므로 냉각계통에 고장이 일어나면 심각한 위험이 발생할 수 있어요. 하지만 핵융합은 장치 내에 사용할 연료를 필요할 때만 주입하므로 만일의 사태에도 방사능 물질이나 에너지 유출 걱정을 할 필요가 없답니다.

원자력이라는 용어는 원래는 핵융합과 핵분열을 모두 일컫는 말인데 일반적으로 핵분열을 원자력이라고 부르고 있어요. 이제 핵분열과 핵융합에 대하여 알게 되었으니 원자력 발전 방법에는 핵분열과 핵융합이 있다는 걸 기억하기로 해요.

원자력 발전소의 작동 원리

핵분열과 핵융합이 열을 내는 원리는 완전히 반대이지만, 발생한 열로 증기를 만들어 터빈을 돌리고 터빈에 연결된 발전기에서 전기를 내는 원리는 똑같아요. 핵융합 발전, 핵분열 발전, 화력 발전 모두 열로 발생한 증기가 터빈과 발전기로 연결되어 있어요. 또한 터빈을 식히기 위해 냉각수가 필요하고 많은 물을 얻기 위해 강이나 바닷가 근처에 짓는다는 점도 비슷해요. 그럼 핵분열과 핵융합 발전의 작동원리에 대해 조금 더 자세히 알아보기로 해요.

먼저 일반적으로 원자력 발전소라고 부르는 핵분열 발전소부터 살펴봐요. 원자로 안에 우라늄과 같은 핵연료가 들어 있고 그 안에는 핵분열 반응을 조절하는 장치인 제어 막대와 비상시에 핵반응을 정지시키고 내부의 열을 식힐 수 있는 냉각장치가 들어 있어요. 그리고 핵반응에서 나오는 열을 식히기 위해서 냉각재가 흐르고 있지요. 또한 만일의 사태에 대비하기 위해 원자로와 냉각재 순환 부분은 모두 아주 두꺼운 몇 겹의 철판과 1미터 이상의 어른 팔뚝 두께의 철봉이 심어진 강화 콘크리트로 만들어진 원자로 격납 용기로 둘러싸여 있어요.

그럼 핵융합 발전소는 어떻게 작동할까요? 핵융합 에너지를 얻으려면 지구상에 존재하지 않는 섭씨 1억 도 이상의 초고온 플라스마를 만들어야 하고, 이 플라스마를 가두는 그릇 역할을 하는 핵융합 장치가 필요해요. 그리고 연료인 중수소나 삼중수소를 발생시키고 공급하는 장치도 필요하겠지요. 또, 연료가 빠른 속도로 이동하면서 충돌하기 위해서는 진공장치와 가열 장치가 필요해요. 그리고 가스 상태의 연료 물질들이 자꾸 퍼지려고 하므로 도망가지 못하도록 강력한 초전도 자석으로 자기장을 만들어 가두어 둬요. 초전도란 영하 269도 이하의 매우 낮은 온도에서 금

핵융합 발전소 구조

속이나 합금의 전기 저항이 없어지는 현상을 말해요. 이런 초전도 자석을 사용하려면 냉각장치도 필요해요. 핵융합 반응이 일어나는 반응로 내부에서는 순간적으로 엄청나게 높은 에너지가 발생하는데, 그 열을 견디면서 바깥쪽 냉각수에 열을 전달하는 내벽이 감싸고 있어요. 이렇게 냉각수에 전달된 열은 증기 발생기를 통해 터빈을 돌려 전기를 발생시키지요.

플라스마란 무엇일까?

일반적으로 공기, 즉 기체는 중성인 분자의 비율이 높아 전기적으로 중성인 특성을 가진다. 그런데 공기에 계속 열을 가해 온도를 올려 주면 이온화된 입자의 비율이 높아져서 음과 양의 특성을 가진 입자들로 인해 일반 공기와는 다른 특성을 가지게 된다. 이런 상태를 플라스마라고 하는데, 물질의 세 가지 형태인 고체와 액체, 기체와 더불어 제4의 물질 상태라고 불린다. 플라스마는 전기적, 화학적으로 불안정한 상태이므로 매우 반응성이 좋아 살균 소독, 냄새 제거, 휘발성 유기 화합물과 같은 유해가스 제거는 물론 치료 등에도 많이 활용되고 있다. 한편, 생물학에서도 혈장(혈액을 구성하는 액체)을 플라스마라고 부르는데, 물질의 상태를 말하는 플라스마와 다르니 헷갈리면 안 된다.

　핵융합은 핵분열에 비하면 아주 적은 방사능만 나오고 또 내부에 우라늄과 같은 연료를 넣어 두는 것이 아니라 반응할 때에만 외부에서 주입하므로 방사능 누출이나 폭발에 대한 위험이 거의 없어요. 그래서 외부 방호벽이 훨씬 얇고 간단하게 설계되어 있어요. 그런데 여기까지 설명을 들으면 핵융합 발전이 핵분열보다 모든 면에서 안전하고 훨씬 좋은데 왜 핵융합 발전을 안 하는 걸까 의문이 들 거예요. 이제 그 이유를 차근차근 살펴봐요.

원자 폭탄과 수소 폭탄

핵폭탄에는 원자 폭탄과 수소 폭탄이 있어요. 둘 다 핵이 붕괴되거나 융합하면서 생기는 폭발력, 즉 핵폭발을 이용한 핵폭탄의 일종인데, 원자 폭탄은 핵분열을 이용한 것이고 수소 폭탄은 핵융합을 이용한 폭탄이에요.

1945년 8월 일본 히로시마와 나가사키를 초토화시킨 폭탄은 원자 폭탄이었어요. 원자 폭탄은 원자핵이 분열할 때 생기는 에너지를 이용한 폭탄으로, 우라늄이나 플루토늄을 농축시켜 핵분열 반응을 일으키는 원리예요. 핵반응이 연쇄적으로 일어나 폭발이 일어나려면 처음에 핵반응에서 발생한 중성자가 근처의 물질과 충돌하여 핵반응이 계속 일어나야 해요. 이렇게 핵반응이 연쇄적으로 일어나기 위해서는 최소한의 핵반응 물질이 있어야 해요. 이것을 임계 질량이라고 해요. 핵폭탄에서는 임계 질량 이상의 핵반응 물질을 분리해 놓았다가 일반 폭탄을 이용하여 우라늄이나 플루토늄을 결합시켜 핵반응이 일어나게 하지요.

수소 폭탄은 원자 폭탄보다 더욱 위력이 강한 핵폭탄이에요. 핵융합 반응이 일어나기 위해서는 1억 도나 되는 높은 온도가 필요한데 원자 폭탄의 폭발력을 이용해서 순간적으로 높은 온도를 얻어요. 원자 폭탄이 터지면서 폭탄 안에 있던 중수소와 삼중수소가 순간적으로 높은 온도가 되어 핵융합 반응이 일어나요. 수소 폭탄은 1952년 미국에서 처음으로 실험했으며, 효과는 원자 폭탄의 수천 배에 이를 정도라고 해요. 땅 위에서 폭발할 경우 반경 35킬로미터 이내는 폭풍과 고열 때문에 모두 파괴되지요. 핵융합 반응에서는 수소가 결합하여 헬륨과 중성자가 발생하는데 이 원소들은 모두 방사능 물질이 아니므로 방사능에 의한 후유증은 상대적으로 적어 깨끗한 폭탄이라고도 해요.

　그 밖에도 1977년부터 미국에서 생산하기 시작한 중성자탄도 있어요. 중성자탄은 기존의 수소 폭탄에 비해 물리적인 파괴는 줄이고 방사선에 의한 인명 살상 효과는 극대화시킨 핵폭탄이에요. 중성자탄은 핵분열이나 핵융합 때 원자핵에서 나오는 중성자와 감마선을 이용하는데, 수소 폭탄에 비해 폭발력은 약하지만 방사선의 방출이 강해서 시설물에는 피해를 주지 않으면서 많은 사람을 죽일 수 있어요.

핵융합, 전 세계가 함께 연구 중

사실 핵융합 에너지는 앞에서 언급한 여러 장점 때문에 많은 사람들이 인류의 마지막 무한 청정 에너지가 되기를 기대하고 있어요. 그런데 핵융합에 필요한 여러 조건이 현재 인류가 개발하지 못했거나 개발한다 해도 지구상의 물질이 감당하기 어려운 조건이에요. 예를 들면, 핵융합로 내부 온도를 태양의 중심 온도인 섭씨 1500만 도의 7배가 넘는 섭씨 1억 도 이상으로 만들어야 해요. 태양 내부에서는 태양의 무게 때문에 플라스마가 가두어져 섭씨 1500만 도에서도 핵융합 반응이 일어나지만 태양보다 크기도 중력도 훨씬 작은 지구는 5배 이상의 온도가 필요해요. 현재 기술로 섭씨 1억 도를 만들 수는 있지만 충분한 핵융합 반응이 일어나서 열을 뽑아내려면 그 온도를 유지해야 하는데 겨우 몇 십 초밖에는 유지하지 못해요. 또한 1억 도 이상의 플라스마를 내벽에 닿지 않고 유지하기 위해 자기장으로 가두는 기술도 개발 중이에요.

이처럼 핵융합 연구에는 최첨단 기술 개발이 필요하고 예산도 엄청나게 들기 때문에 세계 여러 나라들은 함께 협력해서 개발하고 있어요. 바로 ITER(이터, 국제핵융합실험로) 프로젝트인데 우리나라와 미국, 러시아, 중국, 그리고 유럽연합 등이 함께 핵융합 발전소를 건설하고 있지요. 1988년에 미국, 러시아, EU, 일본이 먼저 시작했고 한국은 2003년에 정식 가입했어요. 각국에서 개발한 기술이나 장치를 조립하여

지구에서 핵융합을 하려면 왜 태양보다 더 높은 온도가 필요할까?

태양 내부에서는 활발하게 핵융합 반응이 일어나고 있다. 태양의 중심 온도는 섭씨 약 1500만 도인데, 그렇다면 지구에서도 이 온도만 만들어 주면 태양에서처럼 핵융합이 일어날 것 같지만 실은 더 높은 온도가 필요하다. 태양의 무게는 지구보다 30만 배 이상 크다. 이러한 무게로 인해 태양 내부에서의 중력은 매우 높아 내부의 수소가 흩어지는 힘(핵력)을 중력이 이겨 수소가 흩어지지 못하고 1500만 도의 온도에서 수소들이 융합하여 핵융합 반응이 일어나게 된다. 그러나 토카막(핵융합에 필요한 중수소와 삼중수소의 고온 플라스마를 발생하게 하는 장치) 내부는 진공 상태이므로 태양 내부보다는 물론이고, 지구상의 일반 대기 상태보다 훨씬 중력이 적게 작용한다. 그러므로 플라스마 상태에서 수소의 에너지만으로 핵융합 반응을 일으키기 위해서는 태양에서보다 훨씬 높은 온도가 필요하며 이 온도가 1500만 도의 약 7배인 1억 도 이상이 되어야 한다.

프랑스 남쪽의 카다라슈라는 지역에 핵융합 발전소를 건설하고 있는데, 2040년까지 상용 핵융합 발전소 건설을 위한 기술을 확보하기 위해 프로젝트가 진행되고 있어요.

 이 프로젝트에는 현재 대한민국, 미국, 러시아, 중국, 인도, 일본 그리고 유럽연합이 참여하고 있어요. 유럽은 각각의 나라가 아니라 유럽연합으로 참여하고 있는데 대한민국이 당당히 7개 국가 중의 하나로 참여하고 있는 것이 대단하지요. 비록 많은 연구 비용이 들어가지만 미래에 핵융합이 실현되었을 때 얻을 수 있는 정치, 경제 및 기술적 이익을 생각하면 뿌듯해져요.

우리 생활 속의 핵융합과 플라스마

ITER(국제핵융합실험로) 사업은 엄청난 비용이 들고 2040년에 완공된다 해도 실제 핵융합에서 전기를 만들어 사용하려면 전기 생산을 테스트하는 연구가 또 필요해서 2050년이나 되어야 핵융합에서 나오는 전기를 사용할 수 있어요. ITER 연구가 1988년 시작됐으니까 2050년이면 60년이 넘는 시간을 여러 나라가 공동연구를 하게 되는데, 한 분야에 너무 오랫동안 지나치게 많은 예산을 투입하는 게 아닌지 우려하는 사람들도 있어요.

물론 ITER 사업은 핵융합 성공을 위해 열심히 노력하고 있지만 사실 핵융합 연구는 핵융합 자체뿐만 아니라 플라스마를 이용한 다양한 파생기술의 응용으로 이미 생활에 많은 도움을 주고 있어요. 가장 직접적인 파생기술로는 초전도 기술이 있어요. 초전도란 금속이나 합금 등이 섭씨 영하 269도 가량의 극저온 상태에서 전기 저항이 없어지는 현상을 말해요. 우리나라는 ITER 사업에 세계에서 처음으로 초전도 부품을 납품하였는데, 국내 업체가 6년여 동안 개발하여 기술력을 인정받아 앞으로 핵융합은 물론이고 자기부상열차, 발전기와 변압기, 자기공

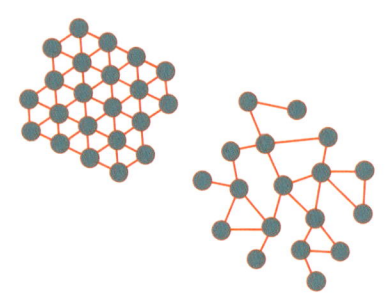

명영상 장비 등 초전도 관련 산업에 1조 이상의 수입 대체 효과를 기대할 수 있다고 해요.

핵융합 파생기술의 또 다른 예는 대기 중의 유해가스 제거 기술이에요. 휘발성 유기 화합물(VOC)이라는 말을 들어 본 적 있나요? 인간이 만든 오염 물질로, 페인트나 접착제 및 자동차 유해가스에서 주로 나오는 환경 호르몬을 유발하는 물질이에요. 이 휘발성 유기 화합물을 핵융합 연구로 파생된 마이크로파로 제거하는 거지요. 원래 마이크로파는 핵융합 연료인 수소를 가열하기 위해 개발되었는데, 플라스마를 쪼이면 휘발성 유기 화합물이 분해된다고 해요. 핵융합 연구에서 파생된 이 기술은 국내는 물론 해외로 수출까지 하고 있어요.

또한 플라스마의 살균, 소독 및 세정 기능은 사실 오래전부터 사용되어 왔어요. 플라스마는 반도체 및 디스플레이의 여러 공정에서 사용되고 있어서 없어서는 안 되는 존재예요. 또한 플라스마의 살균, 소독 기능을 이용해서 과일, 채소 등의 농산품과 식품의 보존 기간 연장, 발아 억제, 생장 촉진 등 연구도 많이 진행되어 실생활에 적용되고 있어요. 강이나 바다의 녹조나 적조를 제거할 때에도 플라스마를 사용하는데 진흙이나 다른 침전제를 사용하지 않기 때문에 2차 오염원이 발생하지 않는 장점이 있다고 해요.

최근에는 플라스마를 이용한 공기청정기도 등장해서 필터를 바꿀 필요도 없고 살균에 냄새 제거,

VOC(휘발성 유기 화합물)란 무엇일까?

휘발성 유기 화합물(VOC, Volatile Organic Compounds)은 끓는점이 낮아 쉽게 증발되는 액체 또는 기체 상태의 유기 화합물을 통틀어 일컫는 말이다. 피부접촉이나 호흡기 흡입을 통해 신경계에 장애를 일으키는 발암물질들이고, 벤젠, 포름알데히드, 톨루엔, 자일렌, 에틸렌, 스틸렌, 아세트알데히드 등이 있다. 주로 석유화학 공정, 자동차 배기가스, 페인트나 접착제 또는 건축자재, 주유소의 저장탱크에서 발생하므로 실내 대부분의 석유화학 제품에서 발생한다. 일반적으로 낮은 농도에서도 악취가 발생하고 벤젠과 같은 물질은 발암성 물질로서 인체에 매우 유해하나. 내기 중에서 질소산화물(NOx)과 함께 광화학 반응으로 오존 등 광화학산화제를 생성하여 스모그를 유발하기도 한다.

휘발성 유기 화합물까지 제거가 가능하다고 해요. 또한 플라스마로 쓰레기를 처리하면 일반 소각로에서보다 다이옥신과 같은 유독가스는 물론이고 미세 먼지도 적게 발생하면서 폐기물을 처리할 수 있다고 해요. 이 외에도 플라스마를 이용한 치아미백이나 지혈, 피부질환 치료 및 재생 등 다양하게 활용되고 있고 앞으로 더 많은 활용이 기대된답니다.

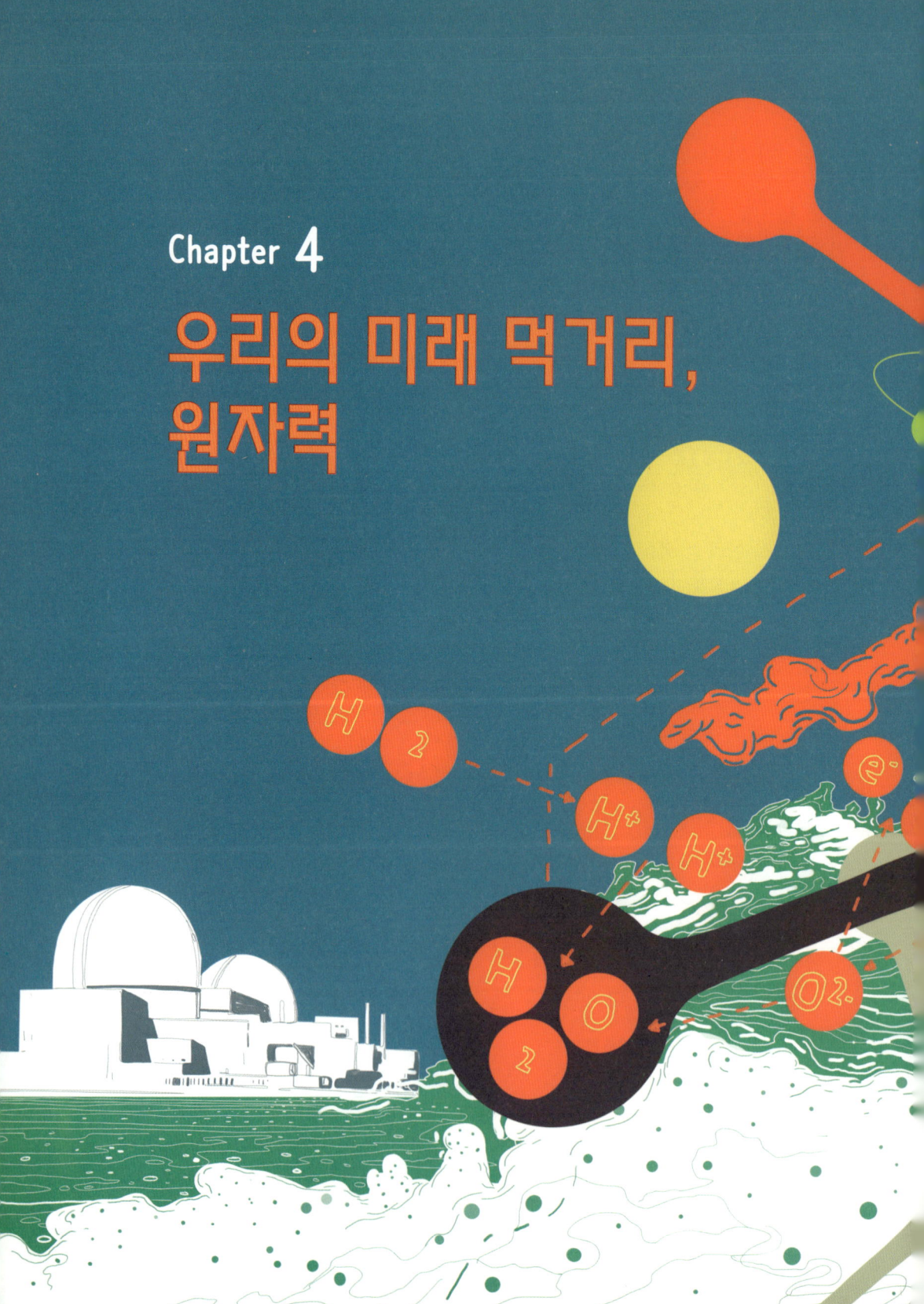

세계적인 원전 강국, 한국

후쿠시마 원전 사태로 주춤했던 국제 원전 시장은 최근 다시 부상하고 있어요. 그 이유는 원전이 문을 닫을 때마다 온실가스 배출이 늘고 전기요금이 올라가기 때문이지요. 많은 전문가들이 원자력 발전 없이 탄소 배출량을 줄이는 것은 불가능하다고 이야기하고도 있는데, 원전 시장이 다시 주목받는 이유는 뭘까요?

첫 번째 이유는 원자력이 온실가스 배출 없이 전력을 생산할 수 있는 가장 효율적인 발전원이기 때문이에요. 프랑스의 1인당 온실가스 배출량이 이웃 나라 독일보다 훨씬 적은 이유는 바로 약 75퍼센트의 전력을 원자력에 의존하기 때문이라고 해요.

둘째는 천연가스 가격의 급속한 변동 우려 때문이에요. 미국의 경우 천연가스 가격이 낮아서 석탄 발전소를 천연가스가 많이 대체하고 있어서 온실가스 배출이 줄어들고 있어요. 미국 외의 천연

가스 주요 생산국이 러시아, 이란, 카타르인데 이전에도 정치 및 주변 상황으로 천연가스 가격이 불안했던 적이 있어서 항상 급속한 가격 변동의 우려가 있어요. 게다가 우리나라처럼 가스를 수입해야 하는 나라는 운반

비용이 들어 원유 가격과 비슷해진답니다.

　셋째는 최근에 원자력 발전 기술이 발전하고 있다는 점이에요. 새로 개발된 원전은 더 안전하면서도 건설비도 낮출 수 있어요. 이러한 최신 원전 추세에 있어서 한국은 세계적인 기술을 보유하고 있어요. 바로 APR1400이라는 한국이 개발한 표준형 원전의 최신 버전인데 기존 한국형 표준형 원전보다 설비 용량은 40퍼센트 높이고 수명도 60년까지 사용 가능하도록 설계했다고 해요. 게다가 후쿠시마 원전 사고 이후에 높아진 기준에 맞춰 더 안전하게 설계되어 지진 발생 시 자동 정지장치 등을 추가하여 진도 7.0에도 견딜 수 있다고 해요.

　이 APR1400은 이미 2016년 12월부터 신고리 원자력 발전소 3호기에서 상업 운전을 하고 있는데, 2018년 10월에 미국 원자력규제위원회(NRC)로부터 표준설계승인서를 받았어요. 이번 NRC 승인은 미국 외 원자로 모형이 최초로 설계인증을 받은 것이고 아직 프랑스와 일본도 승인 절차가 진행 중이라고 해요. APR1400은 2017년에 유럽사업자 인증도 받았으므로 앞으로 유럽이나 미국의 인증을 요구하는 모든 나라에 수출을 할 수 있게 되었어요.

미래의 핵심 기술, 핵융합 연구

핵융합으로 에너지를 얻게 되면 여러 가지 이점이 있어요. 이 분야에 경쟁력을 확보한다면 미래 우리나라의 큰 먹거리가 될 수 있지요. 핵융합의 이점은 어떤 것이 있을까요?

먼저, **핵융합은 깨끗하고 안전한 에너지원**이라는 점이에요. 화석 연료의 고갈이나 연소로 인한 미세 먼지 등을 걱정할 필요가 없어요. 또한 핵융합은 사용되는 연료 중 중수소는 방사능 물질이 아니고, 필요할 때만 연료를 주입하여 핵융합 반응이 일으키므로 혹시 사고가 발생하더라도 방사능 유출의 염려가 거의 없어요. 삼중수소는 방사능 물질이지만 옷과 같은 얇은 천도 잘 통과하지 못할 뿐 아니라 방사성 물질의 양이 반으로 줄어드는 데 걸리는 반감기도 11년으로 상당히 짧아요.

둘째로 **핵융합 연료가 바닷물에서부터 얻을 수 있어 무제한**이라는 점이에요. 핵융합에 쓰이는 연료인이 중수소는 바닷물을 원심분리해서 얻으므로 싸고 무제한으로 얻을 수 있고 삼중수소는 인공적으로 합성하지만 값싸게 만드는 기술을 개발하고 있어요.

셋째로 기존의 석유와 같은 화석연료는 일부 국가에만 한정적으로 매장되어 석유수출국기구(OPEC)에 의존할 수밖에 없지만, 핵융합으로 에너지를 얻게 되면 석유 수입도 줄일 수 있고 정치, 경제적으로 의존도를 낮출 수 있어요.

이처럼 핵융합 발전이 깨끗하고 무한하다는 장점이 있지만 인공

태양을 지구에 만드는 정도로 어려운 기술이므로 ITER(국제핵융합실험로) 사업에 참여한 몇 나라를 제외한 다른 나라는 이 기술을 수입해야 해요. 다행히 우리나라는 ITER에 초기부터 참여하여 기술을 확보하면서 향후에 핵융합로를 수출할 수도 있고, 거기에서 파생되는 기술을 활용하여 많은 부가가치를 창출할 수 있어요. 예를 들면 핵융합 부산물인 헬륨은 매우 희귀한 물질이라 이 물질을 판매하여 커다란 수익도 얻을 수 있어요.

하지만 앞서 이야기한 대로, 핵융합 연구는 너무 많은 돈이 들고 규모가 커서 한 나라에서 하기 힘들어요. 참여 국가들은 공동으로 연구 개발비를 부담하고 있는데, 해당 금액을 특정 국가나 기업에 개발비로 직접 제공하기도 하고 또한 그 개발비를 받아 개발하는 업체에서 발주를 받는 경우도 있어요.

우리나라는 케이스타(KSTAR)라는 세계 최고의 핵융합 실험로를 성공적으로 운용한 기술과 경험을 인

>  **핵융합 연구장치, '인공태양' 케이스타(KSTAR)**
>
> 케이스타(KSTAR, 한국형 초전도 핵융합 연구장치)는 세계 최초로 나이오븀틴(Nb_3Sn) 초전도 자석으로 제작된 우리나라의 핵융합 연구장치이다. 케이스타 핵융합로 건설을 위한 기반 기술(초전도 자석, 진공용기 등)을 확보하고 초고온 플라스마 운용 실험을 통한 국내 핵융합 연구 역량 강화 등을 목표로 하고 있다. 케이스타는 2019년 2월 최초로 핵융합을 위한 최소 온도인 플라스마 이온 온도를 1억 도로 1.5초간 유지하는 데 성공하였다. 앞으로 가열장치 등을 추가하여 초고온 플라스마 300초 달성을 목표로 하고 있으며, 현존하는 핵융합 장치 중 최고의 기술로 제작되어 핵융합 연구에 선도적인 역할을 하고 있다.

정받아 최근에 ITER 사업에서 많은 수주를 하고 있어요. 정부에서 투자한 연구개발 예산을 다시 한국의 연구소나 기업들이 수주 형태로 받아 오고 있는 거예요.

그 예 중의 하나가 케이스타에 적용된 핵융합장치 제어 시스템이에요. 이 시스템을 ITER와 같이 거대 핵융합 실험장치에 사용할 수 있을지 테스트하고 검증하는 프로젝트를 핵융합 연구소에서 수주했어요. 세계 최초로 케이스타에서 적용하고 있는 제어 시스템이 ITER에 적용하기에 가장 가깝다는 인정을 받은 셈이지요.

또한 ITER 장치에는 대형 진공용기가 필요한데 이 프로젝트를 한국의 현대중공업에서 맡게 되었어요. 원래는 유럽연합에서 이 프로젝트를 맡기로 했는데 제작이 지연되면서 한국에서 다시 맡게 된 거예요. 이 또한 케이스타에서 성공적으로 진공용기를 제작한 기술을 인정받은 셈이지요.

그 밖에도 고전압 전원장치, 초전도 케이블 등 다양한 기업들이 ITER 사업으로부터 수주를 하고 있는데 5000억 원 이상 수주를 했다고 해요. 이것은 케이스타 건설비 3000억 원을 넘어서는 금액이라 그동안의 노력이 헛되지 않았다는 생각을 하게 되지요. 또한 케이스타와 ITER 사업에 참여하는 90퍼센트 이상의 기업이 국내 중소기업이라는 점에서도 앞으로 우리나라의 산업 발전에 기대가 많이 되고 있어요.

다양한 원자력 응용 기술

핵융합 기술이 다양한 산업 분야에 응용되듯이 원자력 관련 기술도 원자력 기술 자체를 포함하여 파생기술들이 많은 산업 분야에서 쓰이고 있어요. 먼저 원자력 발전소 중에 소형 모듈형 원자로는 우리나라가 특히 경쟁력이 있는 분야예요. 소형 원자로는 발전소뿐만 아니라 얼어붙은 바다나 강의 얼음을 깨뜨려 뱃길을 내는 쇄빙선이나 바다 밑바닥에 구멍을 뚫어 석유를 탐사하는 시추선 등 고립된 공간에 에너지 공급장치로도 사용될 수 있어요. 현재 원자력 쇄빙선 기술은 러시아만이 보유하고 있는데 최근에 중국이 개발을 시작했다고 해요. 세계적인 선박 제조 기술과 소형 모듈형 원자로 기술을 가지고 있는 우리나라도 적극 도전하면 경쟁력이 떨어지고 있는 조선 산업의 부활은 물론 원자력 기술의 시장 확대도 기대할 수 있을 거예요.

원전 해체 기술 또한 앞으로 중요해질 거예요. 수명이 다한 낡은 원전들이 점점 늘어나고 있는데 이 원전들을 해체하려면 고도의 기술이 필요하거든요. 전 세계에서 가동 중인 450기의 원전 중 약 70퍼센트 정도가 지은 지 이미 30년이 넘었어요. 이러한 원전들의 해체 시장 규모는 전 세

계적으로 약 400조 원이 넘을 만큼 커요. 원자로 해체에는 38개 핵심 기반기술과 58개 상용화 기술이 필요하다고 해요. 우리나라의 경우 40년간 운전을 마치고 영구 정지한 고리 1호기 해체를 계기로 부족한 기술을 확보하고 관련 인력도 육성해 나가고 있어요.

그 밖에도 활용되고 있는 원자력 파생기술이 많이 있어요. 방사능 처리를 통하여 상하수도 오염물질 제거 및 식품 보존기한 연장도 가능하고 작물의 생산을 향상할 수 있고 신품종 개발도 가능해요. 또 미세 먼지 저감에 원자력 파생기술을 활용하기 위한 연구도 있어요. 방사능 동위원소를 이용하여 특정 암에 반응하는 표적 물질을 찾는 기술이 신규 항체의약품 개발에도 활용되지요. 또한 비파괴검사에 쓰이는 엑스레이 기술은 성유시설의 파이프라인 배관 누설 탐지 및 조선소나 건물의 균열이나 내부 검사 등에도 활용될 수 있고 문화재 보존관리 기술에도 활용되고 있어요.

원자로 안에 연료봉을 넣고 빼거나 방사능 오염 물질을 제거하기 위해 개발된 로봇 기술이 우주선이나 해저에 매장된 석유, 가스 등을 시추하는 장비인 해양 플랜트에 활용되기도 해요. 극지방 등 극한 환경에서 작동하는 로봇이나 다관절 수술용 로봇 기술에도 쓰이고요. 최근에는 국내 기술로 원자로 내에서 고온과 방사선에 잘 견디는 특수 철강 파이프를 만들었는데, 이 파이프는 원자력뿐만 아니라 화력 발전, 선박, 국방 우주항공 등 다양한 분야에 활용될 수 있어요. 이처럼 핵융합과 원자력이 에너지원으로도 중요하지만 파생된 기술을 다양한 산업에 응용할 수 있다는 점에서 우리 미래를 책임질 먹거리예요.

신재생 에너지란?

 신재생 에너지는 신에너지와 재생 에너지를 합쳐 부르는 말로, 기존의 화석연료를 변환시켜 이용하거나 햇빛, 물, 강수, 생물유기체 등을 포함하여 재생이 가능한 에너지로 변환시켜 이용하는 에너지를 말해요. 재생 에너지에는 태양광, 태양열, 바이오, 풍력, 수력 등이 있고, 신에너지에는 연료전

지, 수소 에너지 등이 있어요. 초기 투자 비용이 많이 든다는 단점이 있지만 환경 문제가 심각해지면서 신재생 에너지에 대한 관심이 높아지고 있지요.

우리나라에서는 신재생 에너지를 8개의 재생 에너지와 3개의 신에너지로 구분해요. 재생 에너지에는 태양열·태양광 발전, 바이오매스, 풍력, 수력, 지열, 해양 에너지, 폐기물 에너지 등이 있고 신에너지에는 연료전지, 석탄 액화·가스화, 수소 에너지 등이 있어요. 각각 한번 살펴볼까요?

재생 에너지

- 태양열 발전 : 태양열을 흡수, 저장해 열 변환을 통하여 건물의 냉난방 및 급탕 등에 활용하는 기술이에요.
- 태양광 발전 : 태양의 빛에너지를 변환시켜 전기를 생산하는 발전 기술이에요. 태양광 발전 시스템은 태양 전지로 구성된 모듈과 축전지 및 전력 변환장치로 구성돼요. 설치 후에는 유지 비용이 적고 무공해라는 장점이 있어요.
- 바이오매스 에너지 : 바이오매스(Biomass)는 살아 있는 생물에서 나온 원료를 이르는 말이에요. 바이오매스 에너지는 미생물과 같은 생물체를 에너지원으로 삼아 액체, 가스, 고체연료나 전기·열에너지 형태로 변환한 에너지예요.
- 풍력 발전 : 바람 에너지로 발전기를 돌려 전기를 얻는 청정 에너지원이에요. 시설 설치 비용이 적은 것이 장점이나 바람 부는 시간이 일정치 않고 예측하기 어려운 단점이 있어요.

- 수력 발전 : 개천이나 강, 호수 등의 물의 흐름으로 얻은 운동 에너지를 이용하는 기술이에요.
- 지열 발전 : 물, 지하수 및 지하의 열 등의 온도차를 이용하여 냉난방에 활용하는 기술이에요. 태양열의 약 47퍼센트가 지표면을 통해 지하에 저장되는데, 이렇게 태양열을 흡수한 땅속의 온도는 지형에 따라 다르지만 지표면 가까운 땅속의 경우 대략 섭씨 10도에서 20도를 유지하므로 이 열을 이용하여 냉난방 시스템에 사용할 수 있어요.
- 해양 에너지 : 조력 발전, 파력 발전, 조류 발전, 해수 온도차를 이용한 발전 등 바다가 가진 에너지를 이용하는 방법이에요.
- 폐기물 에너지 : 에너지 함량이 높은 폐기물을 변환시켜 연료 및 에너지를 생산하는 방법이에요. 쓰레기의 양을 줄이고 폐기물에 의한 환경오염을 방지할 수 있다는 장점이 있으나 좀 더 많은 연구가 필요해요.

신에너지

- 연료전지 : 연료전지는 연료와 산화제를 전기화학적으로 반응시켜 전기 에너지를 발생시키는 장치예요. 수소를 연료로, 산소를 산화제로

이용하며 배출물은 수증기밖에 없으므로 저공해 고효율 차세대 에너지원으로 꼽히고 있어요.

- 석탄 액화·가스화 : 석탄을 액체나 기체로 전환하여 전기를 생산하는 기술로, 석유보다 가격이 저렴하며 자원이 풍부하지만 공해 대책이나 저장 및 수송이 제한되는 단점이 있어요.
- 수소 에너지 : 수소 형태로 에너지를 저장하고 사용하는 대체 에너지로, 수소 에너지의 원료가 되는 물은 지구상에 풍부하며 미래에 핵심이 될 청정 에너지원 중 하나로 손꼽히고 있어요. 가스나 액체로서 수송 및 저장이 쉬운 게 특징이에요.

원자력, 깨끗한 에너지인가?

'어떤 에너지가 깨끗한가?'라는 질문은 한마디로 답하기 어려워요. 온실가스나 미세 먼지 등 배출가스만 가지고 판단하기는 어렵거든요. 발전소의 건설 과정과 연료 채취 및 가공, 그리고 발전소 해체 과정에서 발생하는 모든 배출물을 포함하여 자연환경에 미치는 영향까지 전 과정에서 평가해야 해요. 이 부분은 학술적인 관점 외에 정치, 경제, 사회 문화적으로 다양한 관점에서 생각해 봐야 한답니다.

먼저 온실가스 배출량부터 살펴봐요. 발전소 건설, 연료 채취 및 가공, 그리고 운영과 폐기까지 전 단계에서 발생하는 양을 따졌을 때 똑같은 전력을 생산하는 데 배출되는 온실가스의 양은 풍력 및 수력은 9~10, 태양열은 13, 태양광은 32, 지열과 바이오가스는 각각 35, 14~41이고 원자력은 66, 천연가스 443, 석탄 1000 정도 된다고 해요. 여기에서 말하는 원자력은 핵분열 에너지를 말하는 것이고, 핵융합 에너지의 온실가스 배출량은 이보다 훨씬 적겠지만 아직은 미래의 에너지이니 나중에 따로 다루기로 해요.

태양광, 수력, 풍력 등의 신재생 에너지와 마찬가지로 원자력

은 미세 먼지를 거의 발생시키지 않지요. 반면 석유와 석탄 가스와 같은 화석연료는 기본적으로 연소 작용을 통해 열을 발생시키므로 1차적으로 배출가스에서 미세 먼지가 발생해요. 그 외에도 연소 작용에서 발생한 질소 산화물과 황산화물 등이 화학반응을 일으켜 공기 중에 발생시키는 2차 초미세 먼지도 있어요. 대부분의 화력 발전소에 미세 먼지 저감장치를 설치하고 있지만 화력 발전소에서는 여전히 미세 먼지가 발생하고 있지요. 우리나라 하늘이 뿌옇게 오염되는 것도 중국과 우리나라의 화력 발전소에서 발생하는 미세 먼지가 큰 원인이에요.

이 사실만 놓고 보면 원자력은 화석연료보다 깨끗하다고 이야기할 수 있어요. 화석연료보다 온실가스 배출량이 적고, 미세 먼지 배출은 거의 없으니까요. 그러나 원자력은 가능성이 낮지만 예기치 못한 사고가 난다면 방사능 물질의 유출 위험이 있고, 폐기물 처리 과정에서 오랜 시간 동안 자연에 미치는 영향이 있다는 단점이 있어요.

한편, 온실가스 배출도 적고 미세 먼지 배출이 거의 없는 태양광, 태양열이나 풍력, 수력 등은 깨끗한 에너지라고 할 수 있을까요? 이 또한 여러 측면을 고려해야 해요. 태양광이나 태양열은 설치를 위해 넓은 면적이 필요해요. 그것도 태양이 잘 비치는 장소여야 하므로 건물 옥상이나 외벽, 산과 들에 넓은 자리를 차지하지요. 최근에는 호수와 같은 수면에도 설치하는데 물속에 미치는 영향도 아직 연구가 필요하고요. 또한 산을 깎아 태양광을 설치했는데 폭우로 인해 산사태가 나기도 하는 등 산림을 훼손할 수도 있어요. 풍력은 일 년 내내 바람이 많이 부는 산꼭대기나 바닷가에 설치해야 하는데 알맞은 장소를 찾기가 쉽지 않고, 큰 터빈이 돌아가면서 발생하는 소음 문제도 있어요. 또 터빈에 부딪혀 죽는 새들도 많다고 해요.

그렇다면 수력은 어떨까요? 발전소가 건설된 뒤에는 큰 호수가 생겨 멋진 경관을 만들어 주고 낚시와 보트 등 다양한 즐거움을 선사하지만 댐을 만들기 위해 넓은 지역이 수몰되어야 하고 때론 귀중한 문화유산이 물속에 잠기는 경우도 있어요. 게다가 만약에 댐이 무너진다면 그 피해는 상상하기 어렵지요. 안타깝게도, 장점만 있고 단점은 없는 에너지 발전 방법은 아직까지는 없어요.

환경영향평가와 전과정평가

댐을 짓거나 공항과 도로를 건설하는 등 대규모 개발 사업은 환경에 영향을 끼칠 수밖에 없다. 따라서 이와 같은 사업을 할 때는 그 사업이 환경에 미칠 영향을 예측·평가하고 그 대처 방안을 마련해 환경 오염을 사전에 예방해야 한다. 이것이 바로 환경영향평가 제도인데, 전과정평가는 환경영향평가 방법 중 하나이다. 전과정평가는 말 그대로 원료 채취부터 가공, 조립, 수송, 사용, 폐기 및 재사용 등 모든 과정에서 사용되는 에너지와 환경에 미치는 영향, 잠재적인 영향까지 평가한다. 이 밖에도 인간의 건강, 자원의 재활용, 생태적, 정치적 영향까지 포함하여 종합적으로 평가하기도 한다.

어느 에너지가 더 비쌀까? 발전비용과 매장량

태양이나 풍력 그리고 수력은 한번 설치하면 설비가 수명을 다할 때까지 별도의 연료가 필요 없이 계속 사용할 수 있기 때문에 무한 에너지라고 하지요.

한편 석유나 석탄, 천연가스와 같은 화석 에너지와 원자력은 연료를 채취하고 가공하여 사용하므로 '얼마나 오래 사용할 수 있을까?'라는 질문이 생기지요. 그것을 알려 주는 지표 중 하나가 가채연수예요. 가채연수란 화석연료 등 자원의 확인 매장량을 연간 생산량으로 나눈 값으로, 앞으로 얼마나 오랫동안 자원을 채굴할 수 있는가를 보여

화석연료별 매장량과 가채연수

구분	석유	석탄	천연가스	
			전통가스	셰일가스
확인 매장량 (억TOE)	1888	4196	1684	1687
가채연수	46년	118년	59년	59년

*티오이(TOE) : 석유 환산톤. 에너지의 양을 나타내는 단위로, 석유 1톤을 연소하였을 때 발생하는 열량

주는 지표예요. 확인 매장량은 채굴이 가능한 자원의 양을 말해요. 기술의 발전과 새로운 매장량의 발견 등으로 확인 매장량은 변동될 수 있고 다른 연료와의 가격 비교에 따라 연간생산량 또한 변동될 수 있으므로 가채연수도 변동 가능한 숫자예요.

일반적으로 석유와 천연가스의 가채연수는 50~60년, 석탄은 100년 정도 사용할 수 있고 원자력 발전의 원료인 우라늄은 50년 정도라고 해요. 그렇다면 우리가 사용할 수 있는 기간이 얼마 남지 않았다고 걱정이 들겠지만, 여기서 생각할 것이 한가지 더 있어요. 채굴기술과 신기술의 발전이지요.

사실 석유가 50년 후면 고갈될 거라고 이야기한 것이 벌써 수십 년 전부터예요. 그런데 채굴기술이 발달하면서 이전에는 육지나 얕은 바다에서만 채굴 가능했던 석유가 이제는 깊은 바다에서도 가능해졌고, 또한 유전 근처에 수평으로 펼쳐진 진흙층에서 채취하는 천연가스인 셰일가스는 가격 조건에 따라 50년 이상 몇 백 년까지도 채굴 가능할 만큼 매장량이 넉넉하다고 해요. 또한 우라늄도 연료를 재사용하거나 개발 중인 새로운 핵분열 반응에 적용하면 3천 년 이상 사용 가능해요.

그럼 이번에는 발전단가를 한번 보도록 할까요? 사실 어떤 에너지가 싼지 비싼지도 각각의 기준에 따라 완전히 상반되는 결과가 나와요. 건설비와 연료 가격만 감안한 발전원가를 기준으로 하면 원자력이 신재생 에너지의 4분의 1 정도로 가장 저렴하게 나오고, 그다음으로 석탄-가스-신재생 에너지 순서라 해요. 그런데 각 발전 회사에서 생산한 전기를 매시간 바뀌는 가격으로 사고파

는 전력거래소의 거래가격인 정산단가를 기준으로 하면 그 차이가 많이 줄어들어요. 그 이유는 각 에너지당 보조금과 세금 책정 기준이 다르기 때문이지요. 거기에다 일본 후쿠시마 원전

주요 에너지원 비교

	초기투자비 ($ / kW)	평균가동률 (%)	연료비 ($ / MW)	유지관리비 ($ / MW)	사용연수 (년)
태양광(폴리)	6,000	18%	0	8	25
태양광(박막형)	5,250	18%	0	10	25
원자력	6,000	92%	7	17	40
석탄	2,750	85%	30	10	45
천연가스	1,000	85%	61	6	40
풍력	2,500	35%	0	10	25
지열	3,500	95%	0	25	20

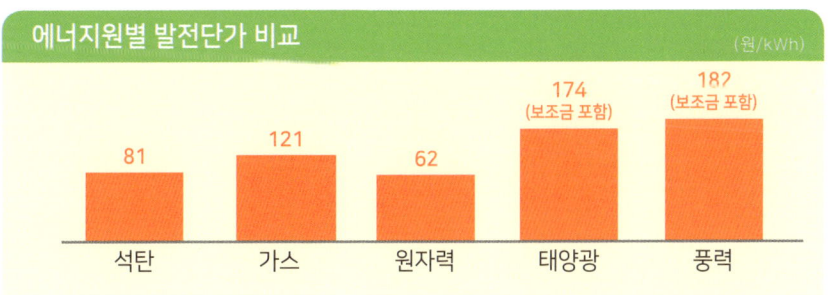

에너지원별 발전단가 비교 (원/kWh)

- 석탄: 81
- 가스: 121
- 원자력: 62
- 태양광: 174 (보조금 포함)
- 풍력: 182 (보조금 포함)

사태 이후에 적용하기 시작한 사고 비용과 사고 위험 대응 비용까지 감안한 균등화발전비용이라는 개념으로 계산하면 원자력이 태양광이나 육상 풍력보다 1.5배 정도 비싸게 계산되기도 한답니다.

   또한 발전소 건설기술과 자연환경에 따라 같은 방식으로 계산해도 나라별로 크게 차이가 나기도 해요. 예를 들면, 원자력 발전단가의 경우 우리나라는 지난 30년 동안 원전을 20기 넘게 건설하면서 기술이 축적

에너지를 만들 때 드는 돈, 발전비용

에너지를 만들어 내는 데는 많은 비용이 든다. 이를 발전비용이라고 하는데, 발전비용은 무엇을 기준으로 삼느냐에 따라 아래의 세 가지로 나뉜다.
- 발전원가 : 발전소 건설비와 연료가격만 감안하여 책정한 가격으로, 국가에서 지급하는 보조금을 제외한 실제 발전하는 데 드는 비용.
- 정산단가 : 발전원가에 에너지별 보조금 및 세금을 책정 후 전력거래소에서 거래되는 가격.
- 균등화발전비용 : 정산단가에 사고 방지 및 사고 위험 대응 비용까지 포함한 가격.

되어 미국, 영국 등에 비해 절반밖에 안되고, 일본 또한 원자력 발전 기술을 많이 축적하였지만 미국, 영국만큼 비싸답니다. 아마도 인건비와 내진설계에 더 많은 비용이 들어가서 그럴 거예요.

그런데 풍력이나 태양광의 경우를 보면 완전히 반대예요. 땅이 넓은 미국에 비해 한국에서는 풍력이나 태양광이 두 배 이상 비싸답니다. 땅값이 더 비싼 일본에서는 한국보다도 훨씬 더 비싼 발전비용이 드는 게 당연하겠지요?

화석 에너지를 대체할 방법은?

오랜 기간 인류는 화석연료를 편리하게 사용하여 왔지만 매장량이 정해져 있어서 영원히 사용할 수 없어요. 배출가스와 미세 먼지 같은 환경오염 물질을 배출하는 등 단점도 크지요. 그런 단점을 극복하기 위해 오래전부터 신재생 에너지를 개발해 왔고 기술이 발전함에 따라 상당 부분 화석 에너지를 대체하고 있어요. 그런데 신재생 에너지도 각각의 장단점과 한계가 있어서 신재생 에너지가 화석 에너지를 완전히 대체할 수 있을까 하는 질문에 답하기에는 많이 부족해요. 그럼 신재생 에너지 중에 대표적인 풍력과 태양광의 장단점을 살펴보기로 해요.

먼저 풍력 발전은 바람이 부는 곳이면 어디든 설치가 간단해요. 그리고 바람은 영원히 사용할 수 있는 매력적인 에너지원이지요. 또한 어떠한 환경오염 물질도 배출하지 않는 깨끗한 에너지일 뿐 아니라 섬이나 멀리 떨어진 산간지역 등 전력선 공급이 어려운 지역에 전력 보급이 가능하다는 큰 장점이 있지요. 게다가 바닷가나 산등성에 줄지어 서 있는 풍력 발전 터빈은 자연과 잘 어우러질 경우 멋진 풍경을 연출하여 관광명소가 되기도 하지요.

이러한 장점 때문에 풍력 발전은 신재생 에너지 중에 태양광과 함께 가장 큰 비중을 차지하고 있어요. 그런데 풍력으로 원자력과 같은 에너지를 발생시키기 위해서는 원자력 발전소보다 50배 이상 넓은 땅이 필요하다고 해요. 또한 50미터가 넘는 터빈과 발전기를 설치하기 위해서는 대형 크레인이 필요한데, 크레인이 들어갈 수 있는 진입로를 만들기 위해 생태계가 많이 훼손돼요. 또 커다란 터빈의 그림자와 회전하면서 발생하는 소음으로 인근 주민이 피해를 받을 수 있기 때문에 도시와 가까운 지역에 설치하기 어려워요.

또한 계절과 기후에 따라 바람의 강도나 방향이 일정하지 않다는 단점도 있어요. 풍속이 초당 4미터 이하이면 터빈이 돌지 않고 반대로 초당 25미터 이상이면 안전 때문에 터빈을 멈추도록 되어 있어요. 항상 풍력 발전을 할 수 없다는 뜻이고, 일반적으로 평균 가동률이 25퍼센트 이하인 경우가 많다고 해요. 그래서 풍력 발전은 매력적인 에너지원이지만 이러한 단점 때문에 주로 보조 에너지원으로 사용되고 있어요.

태양광이나 태양열 발전소도 해가 비치는 곳이면 어디든 설치할 수 있어요. 태양은 얼마든지 공짜로 사용할 수 있는 무한 에너지원이고, 배

기가스나 미세 먼지 등 환경오염 물질을 배출하지도 않아요. 또한 풍력 발전과 비교해서 태양광 발전의 장점은 터빈과 같이 크고 높은 기계장치가 필요 없어서 건물 옥상이나 외벽 또는 사람들이 사는 곳 근처에 설치할 수 있다는 것도 장점이에요. 그리고 태양광 패널의 평균 수명이 20년 정도라서 한번 설치하면 유지비용이 낮다는 장점도 있어요.

하지만 태양광도 장점만 있는 것은 아니에요. 우선, 처음에 건설할 때 다른 신재생 에너지보다 비용이 많이 들어요. 그 이유는 태양광 패널이 반도체 공정을 사용해서 비싸고, 설치하는 장소에 따라 부지 비용이 많이 드는 경우도 있기 때문이에요. 발전단가를 비교하면 태양광이 풍력보다 비싼 편이에요. 앞으로 패널 효율과 가격에 따라 발전단가가 낮아지리라 전망하고 있어요. 또한 패널은 수명이 20년 이상이라 유지비가 거의 들지 않는다고 하지만 패널마다 설치된 인버터는 수명이 5년 정도라서 교체 비용이 발생하지요. 인버터는 직류를 교류로 바꿔 주는 장치인데, 태양광 패널에 꼭 필요해요.

환경 측면에서 보면 태양광은 발전 과정에서 온실가스를 배출하지는 않지만 반도체 공정을 통해 태양광 셀이 생산되기 때문에 환경 문제가 발생할 수 있어요. 생산과정에서와 셀에 함유된 카드뮴, 납과 같은 중금속 물질은 나중에 환경오염의 원인이 되지요. 또한 태양광 시설은 많은 부지가 필요하기 때문에 이 과정에서 산림 훼손 등 환경에 악영향을 끼칠 수 있다는 점도 고려해야 해요. 또한 태양광도 지역별로 일조량이 다르고 밤과 낮, 기후와 계절에 발전량이 크게 영향을 받으므로 독립적인 에너지원으로 사용하기에는 어려움이 있어요.

지열 발전이 지진을 일으킨다?

2017년 11월 15일 경북 포항에서 규모 5.4의 지진이 발생했는데, 이는 2016년 경주 지진에 이어 지진 관측 이래 두 번째로 규모가 큰 지진이며, 역대 가장 많은 피해가 발생한 지진이었다. 그런데 포항 지진의 원인이 인근 지열 발전소의 발전 실험 때문이라는 것이 정부조사연구단의 조사 결과 밝혀졌다. 지열 발전을 위해 주입한 물이나 증기 등의 유체 때문에 지진이 일어났다는 것이다. 지열 발전은 수 킬로미터 지하에 유체를 고압으로 주입하여 지열로 가열되어 다시 올라오는 유체의 열로 증기를 발생시켜 터빈을 돌려 전기를 생산하는 방식이다. 이때 고압으로 주입되는 유체가 지반이 약한 활성단층을 자극하여 지진을 일으킬 수 있는데, 지열이 높은 지진 또는 화산지대가 지열 발전에 유리하지만 이런 지역은 활성단층이 있어 지진에도 민감하므로 정확한 사전 조사가 매우 중요하다. 아직까지 포항 지진이 지열 발전 때문이라고 100퍼센트 확신하기는 어렵겠지만, 2006년 스위스 바젤에서 발생한 규모 3.4의 지진 이후에 지열 발전으로 유발된 가장 큰 지진으로 기록될 수도 있다.

그 밖에도 깊은 땅속의 열을 이용하여 에너지를 생산하는 지열 발전, 곡물의 줄기나 잎 또는 동식물의 부산물에서 에탄올 등 연료를 얻는 바이오매스, 밀물과 썰물 때의 해수면의 수위 차이 또는 흐르는 조류의 힘을 이용하는 조력 발전, 파도의 힘을 이용하는 파력 발전 등 다양한 신재생 에너지도 있어요.

에너지 정책, 어떻게 해야 할까?

지금까지 에너지를 얻기 위한 여러 가지 방법들을 살펴보았는데, 그럼 어떻게 하는 것이 가장 현명한 에너지 정책일까요? 석유나 석탄, 천연가스와 같은 화석연료는 모두 당장 없애 버리고 방사능 유출 위험이 있으니 원자력도 없애고 신재생 에너지로 모두 대체해야 할까요? 한 나라의 에너지 정책은 각 나라마다 정치, 경제, 사회 및 자연환경과 정서가 다르기 때문에 어떤 정책이 정답이라고 말하기는 어려워요. 그래서 여기에서는 에너지 정책을 결정하기 위해 고려해야 할 부분을 같이 생각해 보기로 해요.

먼저 경제적인 측면을 생각해 봐요. 앞에서 나온 대로 발전원가를 보면 원자력-석탄-가스-신재생 에너지 순서대로 비싸져요. 이 말은 원자력이나 석탄, 가스를 신재생 에너지로 대체할수록 발전원가가 비싸지고 결국 전기료가 비싸진다는 뜻이지요. 국가에서 부담하는 보조금을 감안하면 달라지지만 보조금은 어차피 소비자의 부담으로 돌아오므로 경제적인 부담은 사라지지 않는 거지요. 실제로 원자력 발전 비중이 높은 프랑스와 한국의 전기료가 다른 나라에 비해 싼 이유에요. 한편 독일의 경우 탈원전 선언 후에 신재생 에너지 비율을 높이면서 전기료가 유럽에서 가장 비싼 나라가 되었어요. 일본의 경우도 후쿠시마 원전 사태 이후에 원자력 발전 비율이 줄어들고 신재생 에너지와 석탄, 석유 발전 비율이 늘면서 전기료가 올랐다고 해요.

두 번째로는 에너지 안정성 측면이에요. 태양광과 풍력의 발전 비율은

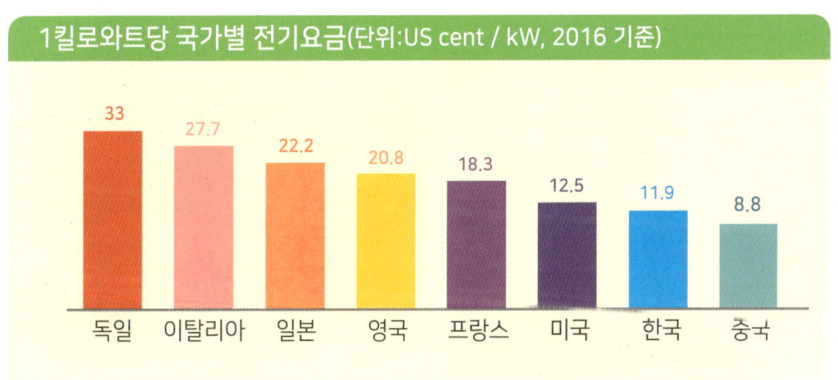
1킬로와트당 국가별 전기요금(단위:US cent / kW, 2016 기준)

각각 12퍼센트와 18퍼센트예요. 즉, 태양광과 풍력은 최대 발전 용량 대비 실제 발전할 수 있는 에너지 또는 시간 비율이 12퍼센트와 18퍼센트 밖에 되지 않는다는 뜻이에요. 이유는 태양광은 해가 떠 있는 낮에만 발전이 가능하고, 풍력은 바람이 불 때만 발전이 가능하기 때문이지요. 즉, 태양광과 풍력만으로는 모든 필요한 전기를 충당할 수 없고 부족한 부분은 다른 발전이 필요하다는 거예요. 신재생 에너지 비율이 30퍼센트로 높은 독일의 경우 태양광과 풍력 비중이 상대적으로 높은데 태양광이 없는 밤이나 바람이 없는 경우에 부족한 전력을 석탄 발전으로 보충하고 있어요. 그래서 신재생 에너지 비율이 늘었는데도 온실가스가 줄

어들지 않고 있는데, 이것은 독일이 풀어야 할 숙제예요. 유럽의 다른 나라들도 석탄, 석유나 원자력 발전소를 짓지 않는 대신 프랑스와 같은 이웃나라의 값싼 원자력 에너지를 활용하고 있어요.

세 번째로는 에너지 안보 측면을 생각해 봐야 해요. 석유는 OPEC(오펙, 석유수출국기구) 국가들이 전 세계 매장량의 약 75퍼센트를 차지하고 있고 실제 석유를 가장 많이 사용하는 나라인 미국, 중국, 일본, 러시아, 독일의 매장량은 전 세계 총 매장량의 10퍼센트 정도밖에 안 된다고 해요. 그래서 석유 때문에 전쟁도 발생하고, OPEC 국가들이 석유 가격을 마음대로 올리고 내리면 전 세계가 촉각을 곤두세우지요. 천연가스의 경우에도 러시아와 이란, 이 두 나라에 집중적으로 분포되어 있어요. 그래서 러시아와 이란에서 출발하는 천연가스 파이프라인으로 인해 여러 국제 분쟁과 전쟁까지도 발생했어요. 한편, 석탄과 우라늄의 경우는 비교적 모든 대륙의 여러 나라에 분포되어 있어 에너지 안보적인 측면에서는 분쟁의 이슈가 될 확률이 적다고 해요.

이처럼 각국의 에너지 정책을 결정하는 데에는 다양한 측면이 있어서 각 에너지의 장점과 단점을 잘 고려해서 각 나라의 실정에 맞게 가장 경제적이고 효율적인 에너지 정책을 수립하는 것이 필요해요.

자원 때문에 전쟁이 벌어진다

역사적으로 전쟁은 자원 쟁탈전이라 해도 과언이 아니에요. 그중에서 두 차례의 세계대전은 석유를 둘러싼 에너지 전쟁이라고도 해요.

제1차 세계대전은 식민지 자원을 차지한 영국, 프랑스 등의 선발 제국주의 국가들과 뒤늦게 자원 전쟁에 뛰어든 독일과 같은 후발 제국주의 국가 사이의 전쟁이었어요. 20세기 초반 독일은 베를린(Berlin)과 지금의 터키 이스탄불인 비잔티움(Byzantium), 이라크 바그다드(Baghdad)를 연결하는 철도 부설권을 얻고 세력을 확대하려는 3B 정책을 추진해요. 그런데 영국은 이미 19세기 후반부터 3C 정책이라 하여 남아프리카의 케이프타운(Cape Town)과 이집트의 카이로(Cairo), 인도의 콜카타(Calcutta)

를 연결하여 식민지를 확대하고 있었어요. 결국 독일과 영국은 정면충돌 직전이었는데, 독일의 동맹국인 오스트리아·헝가리 제국의 왕세자 암살로 세르비아에 선전포고를 하고 러시아와 동맹인 영국, 프랑스가 참전하면서 세계대전으로 확대되었어요.

2차 세계대전은 석유와 더 직접 관계 있어요. 독일은 발달한 화학 산업을 바탕으로 인조 석유를 개발했어요. 독일 석유 공급의 46퍼센트를 인조 석유가 차지할 만큼 생산량을 확보했고, 1939년 전쟁을 시작하자마자 코카서스 유전지대를 점령하고 1943년 북아프리카 유전지대를 확보하였지요.

일본도 1930년대의 군사력은 미국이나 연합군에 뒤지지 않을 만큼 막강했어요. 그런 힘으로 만주와 중국을 침략해서 중일전쟁을 일으켰지요. 그때만 해도 전투기가 한 대도 없던 중국을 쉽게 점령하리라 생각했는데 예상과 달리 전쟁이 길어지면서 석유 등 군수물자는 날로 부족해졌어요. 그래서 일본은 당시 연합군의 식민지였던 동남아시아를 침략하여 점령했어요.

당시 필리핀은 미국의 식민지였는데, 일본이 필리핀을 포함하여 동남아시아에 침략하자 미국은 일본군의 보급로를 차단하고 철과 원유의 수출 금지령(1940년)을 내렸어요. 다급해진 일본은 미군의 주요 해군기지였던 진주만을 공격하여 미국과 단판 승부를 결정지으려 했지요. 이것이 바로 그 유명한 진주만 공습이에요. 이 공습으로 미국도 큰 피해를 입었지만 미국이 일본에 선전포고를 하고 원자 폭탄을 투하하는 구실을 제공하여 일본이 패망하게 된 직접적인 이유가 되지요. 이처럼 석유를 포함한 에너지원은 단지 에너지원의 의미가 아닌 국제 정치 및 안보와 밀접한 관계를 가지고 있어요.

세계 여러 나라의 원자력 정책

나라별로 배경과 상황에 따라 원자력 정책은 달라요. 어떤 정책이 최고의 정책인지는 각국의 상황에 따라 다르므로 나라별로 원자력 관련 정책에 대해 알아보기로 해요. 먼저 기존에 원전을 운영하는 나라와 원전 도입을 검토하는 나라로 나눌 수 있어요. 원전 운영국은 유지 및 확대, 축소 및 폐지로 나눌 수 있고, 원전 도입 검토국은 도입 유지, 신규 도입, 도입 취소 등으로 구분할 수 있어요.

기존에 원전 운영국 31개국 중 유지 및 확대 국가는 미국, 중국, 일본, 프랑스, 러시아, 인도를 포함하여 26개국이고 축소 및 폐지 국가는 독일, 우리나라를 포함해서 5개국이에요. 또한 원전 도입 검토 17개국 중에 도입 유지 국가는 인도네시아, 이집트, 태국, 폴란드, 아랍에미리트를 비롯해서 12개국이며, 신규 도입 국가는 칠레, 사우디아라비아 2개국, 도입 취소 국가는 베트남, 말레이시아를 포함하여 3개국이에요.

그럼 주요 국가별로 원자력 정책을 살펴볼까요? **미국은 세계 최대의 원자력 발전국**으로, 30개 주에서 98기의 원자로를 가동하고 있어요. 미국은 천연가스 가격이 낮고 후쿠시마 원전 사고로 인한 안전성 우려가 있음에도 화석연료의 비중을 줄이고 이산화탄소 배출을 줄이기 위하여 신규 원전을 건설하고 있어요. 현재 조지아주에 보그틀 원전 3·4호기가 건설되고 있으며, 2021~22년에 완공될 예정이에요. 한편 전력수요 감소와 풍부하고 값싼 천연가스와의 경쟁에 밀려 폐쇄하는 원전을 지원하기 위하여 보조금 지급을 고려하고 있어요. 석탄과 원자력과 같은 안정적으로 공급할 수 있는 전력 공급원은 기상이변, 사이버 공격 등 기타 긴급 상황에서도 전력공급이 가능하기 때문에 국가 안보 차원에서 안정적으로 전력망을 확보하기 위하여 그렇게 결정했다고 해요.

일본은 후구시마 원전 사고 이후에 일본 내에 모든 원자력 발전소를 가동 중단했었어요. 그런데 이로 인해 석유, 천연가스 등 화석연료 수입이 증가하고 그 결과 전체 무역적자가 심해져서 결국 원자력 제로 방침을 철회하고 원자력 발전소를 재가동하기로 결정했어요. 일본

화석연료가 내뿜는 미세 먼지

미세 먼지의 원인은 산불, 황사 등도 있지만 대부분은 석유, 석탄과 같은 화석연료와 자동차 매연가스에서 나오는 대기오염 물질이다. 미세 먼지 입자에는 보통 금속, 질산염, 황산염, 타이어 고무, 매연 등이 포함되어 있는데 기관지를 거쳐 폐에 흡착되어 호흡기 질환을 일으키기도 한다. 또 혈관에 흡수되어 뇌졸중, 심장질환 등을 일으키기도 하고, 간, 비장, 중추신경계와 생식기관까지 손상시킬 수 있다. 미세 먼지는 화석연료를 많이 쓰는 곳일수록 심할 수밖에 없는데, 동남아시아와 아프리카에서는 나무나 동물의 배설물로 실내에서 취사를 위해 불을 피우기 때문에 실내 대기오염이 심각하다고 한다. 중국은 경제성장이 급속히 진행되면서 전력 수요가 증가하고 화석연료를 많이 사용하다 보니 대기오염 문제가 심각해졌는데, 북경에서는 미세 먼지가 너무 심해서 어떤 노부부가 집을 9시간이나 찾지 못하고 헤매는 사건이 일어나기도 했다.

은 또한 미래형 원자로 연구도 다시 시작하고 아랍에미리트, 베트남, 영국, 터키 등과 같은 나라들과 원자력 관련 협력 및 신규 원전 건설 프로젝트 등도 다시 협의하기 시작했어요.

중국은 이 문제를 해결하는 방법으로 2020년에 58기가와트로 예상되는 원전 설비용량을 2030년에는 150기가와트로 확대할 계획이에요. 또한 중국은 영국, 루마니아, 남아프리카 공화국, 파키스탄 등 다른 나라에 원자력 발전소 건설 사업도 적극 추진 중이에요. 영국 정부와는 이미 2개의 협정에 합의했고, 루마니아와는 2개의 원자로를 짓기로 했는데 자금 부족으로 어려움을 겪자 루마니아에 건설 자금도 지원하기로 했어요.

영국은 총 발전량 중에서 원자력이 차지하는 비중이 18퍼센트이고 원자력 발전에 소극적이어서 1995년 이후에 신규 원전 건설을 하지 않았어요. 그런데 가스 화력을 주 발전원으로 하는 영국에서 최근 북해 유전의 가스 공급이 줄어들면서 전력 공급에 차질이 생기고 전기료 인상이 우려되고 있어요. 게다가 오래된 원전의 안정성에 대한 우려도 있고요. 그래서 결국 영국은 2013년부터 20년간 오래된 원자력 발전소는 단계적으로 폐쇄하고 2035년까지 16기가와트의 규모의 신규 원자력 발전소 총 11기를 건설하기로 했어요.

프랑스는 현재 58기의 상업용 원자로가 가동 중이며 전체 발전량의 75퍼센트가 원자력인 원자력 강국이에요. 프랑스는 2015년 유럽연합의 지속 가능한 에너지 정책에 부응하기 위하여 재생 에너지 비중을 2015년 16.5퍼센트에서 2030년 40퍼센트로 확대하고 원전 비중은 현재 약 75퍼센트에서 2025년까지 50퍼센트로 축소하기로 결정했어요. 이렇게 하기 위해서는 현재 58기의 원자력 발전소 중에서 20기를 폐쇄해야 하지요. 그런데 최근에 마크롱 대통령은 이 계획을 10년 늦추기로 했어요. 이렇게 결정한 배경은 재생 에너지 기술 발전이 예상보다 더디고 인접국과의 전력망 연결 또한 예상보다 더디게 진행되었기 때문이에요.

독일은 2011년부터 '에너지 전환'이라 불리는 공격적인 기후 및 에너지 정책을 시작했어요. 탈원전을 선언하고, 8개의 오래된 원전을 폐쇄하고 원전 발전 용량을 2010년 20.4기가와트에서 2016년에는 10.8기가

원자력 강국 프랑스의 탈원전 공약 연기

프랑스는 미국에 이어 세계 2위 규모의 원자력 발전 강국이다. 에너지의 75퍼센트를 원자력 발전에 기대고 있는데, 마크롱 대통령은 대통령에 선출되기 전 원전 의존율을 2025년까지 50퍼센트로 줄이겠다고 공약을 했다. 그러나 현실적인 문제에 부딪혀 최근 원자력을 줄이겠다던 대선 공약을 10년 미루기로 했다. 마크롱 정부는 2035년까지 현재 가동되는 원자로 58기 중 14기를 폐쇄할 방침이고, 석탄 발전소 4곳도 2022년까지 폐쇄한다. 이러한 계획은 안정적인 전력 공급이 위태로워지지 않는 한도 내에서 진행될 것이며 재생 가능한 에너지원을 확대하는 계획도 함께 추진할 것이라고 했다. 프랑스는 2030년까지 풍력 발전을 이용한 에너지 생산을 3배 늘리고, 같은 기간 동안 태양광 에너지 생산도 현재 수준보다 5배로 늘릴 계획이라고 한다.

와트로 줄이는 정책이지요.

그런데 효율이 높은 원전을 폐쇄하고 값비싼 신재생 에너지의 비율을 늘리다 보니 독일의 전기요금은 10년 전보다 두 배 이상 올랐어요. 환경을 위해 원전을 폐쇄했지만 높은 전기요금을 국민들이 부담해야 했고 에너지 수급을 위해 석탄과 갈탄을 총 발전량의 40퍼센트 이상까지 비중을 높이는 현상이 일어나고 있지요. 이러한 모순을 해결하기 위하여 독일은 에너지 효율을 높이는 데에도 많은 노력을 하고 있어요.

스위스는 원자력 발전을 완전히 퇴출시키기로 결정했어요. 스위스는 원자력 발전 비중이 35퍼센트로, 30퍼센트인 우리나라와 비슷해요. 스위스는 현재 전체 사용하는 에너지의 80퍼센트를 수입하고 있고, 20퍼센트의 국내 생산 에너지 중에서 원자력이 35퍼센트를 차지하고 있어요. 스위스 연방정부는 2017년 국민투표에서 58퍼센트의 찬성으로 현재 운영 중인 5기의 원전을 2050년까지 순차적으로 중단하기로 했어요.

벨기에는 2003년 '점진적인 탈원전에 관한 법률'을 제정해서 새로운 원전 건설을 금지하고 가동한 지 40년이 지난 원전을 폐쇄하도록 했어요. 이 법률에 따르면 가동 중인 원전 7기 중 2기가 2015년에 폐기됐어야 했어요. 하지만 벨기에는 법을 두 차례 개정해 운영 만료 시점을 10년 연장해서 온전한 탈원전은 2025년에 완료될 예정이에요.

스웨덴의 경우도 1980년 탈원전을 선언하였지만 2018년 6월 정부와 야당이 합의해 **탈원전 정책을 포기**해서 원전을 10기까지 지을 수 있게 허용했어요. 스웨덴이 탈원전 정책을 포기한 이유는 개인별 전력 소비량이 세계에서 가장 높은 국가 중 하나이기 때문이라고 해요. 스웨덴 전체 발전량에서 원전이 차지하는 비중은 약 40퍼센트로, 30퍼센트인 한국보다 높은데 원전을 운영하는 회사에 부과하는 원전세도 없애기로 했어요.

러시아는 원자력을 열심히 확대하는 나라 중에 하나예요. 현재 37기의 원자로가 운영 중인데 6기를 추가로 건설하고 있어요. 또한 체르노빌 사고를 통해 문제점으로 지적된 안전성을 개선하여 헝가리 및 핀란드와 원전 수출 계약을 체결하는 등 국가적으로 적극적으로 지원하고 있어요.

캐나다는 원자력을 수출할 수 있는 나라 중의 하나로 현재 19기가 가동 중이며 전체 소비 전력의 약 15퍼센트를 원자력에서 공급하고 있어요. 원래는 향후 10년 동안 약 10기의 설비 개선 계획을 보류했는데 최근에 원전 2기를 새로 건설할 계획이에요. 또한 독자 기술로 개발한 원자로를 인도, 중국 등의 나라에 활발하게 수출하고 있어요.

인도는 급격한 경제발전과 도시화 및 인구증가로 전력 수요가 폭발적으로 증가하고 있어요. 온실가스 배출을 늘리지 않으면서 **늘어나는 전력 수요에 대응하기 위하여 원전을 적극 확대**하고 있어요. 그래서 2032년까지 원자력 발전 용량을 62기가와트 이상으로 확대할 계획이고 나아가 2050년까지 원자력 발전의 전력 공급 비율을 25퍼센트까지 확대할 예정이에요.

베트남은 2009년 동남아시아 국가 중에서는 최초로 원전 프로젝트를

 **온 세상이 깜깜해진다? 블랙아웃 현상**

블랙아웃(Blackout)은 원래 텔레비전의 브라운관이 갑자기 어두워지거나 전파가 화면이 꺼지는 현상을 가리키는 말인데, 지금은 특정 지역에 갑작스런 전력 공급 중단 현상도 블랙아웃이라 한다. 정전이 되면 공장 가동이 멈춰 생산이 중단되는 것은 물론 은행 전산망, 엘리베이터, 결제, 수도 펌프, 하수도 처리시설 등 사회 대부분의 시스템이 멈추어 엄청난 사회 혼란을 초래한다. 우리나라에서는 2011년 9월 15일 블랙아웃 직전까지 간 적이 있고, 대만에서는 2017년 8월 15일 실제 블랙아웃이 일어났다. 미국에서도 2003년 북동부 지역에 대규모 정전 사태가 발생했다. 반도체 공장 등 대부분의 공장에서는 비상 전원장치를 설치하여 정전 사태에도 정상적으로 공장 가동이 가능하도록 대비하고 있고, 정부 차원에서 이러한 사태를 막기 위해 전력 수요량을 조절하고 예비 전력량을 확보하고 있다.

추진해서 2020년에 원선 가동을 시작, 2030년까지 원자력의 전력 공급 비율을 10퍼센트까지 올리려는 계획이었어요. 그런데 후쿠시마 원전 사고 이후 안전성에 대한 우려로 건설 비용이 거의 두 배로 늘어나면서 **원전 건설 계획을 백지화**했어요.

대만의 경우에는 원자력 정책 관련하여 최근에 특이한 일이 일어났어요. 2016년 **대만 정부**는 2025년까지 모든 원전의 가동을 완전히 중단한다는 **탈원전 정책을 추진**하였어요. 그런데 2017년 여름 무더위 때문에 국토의 48퍼센트에 블랙아웃 사태가 발생하면서 전력 공급을 위해 2기의 원자로를 급하게 재가동했어요. 탈원전으로 전력 수급 불안과 석탄 및 액화 천연가스 수입 증가로 인한 위협을 느낀 대만 국민들은 2018년 11월 **국민투표를 통해 탈원전 정책을 원점**으로 돌려놓았어요.

각국의 에너지 정책이 뜻하는 점

우리나라의 올바른 에너지 정책을 생각해 보기 위해 먼저 앞에서 이야기한 각국의 원자력 관련 에너지 정책을 잘 정리해 볼 필요가 있어요. 원자력을 적극 추진하는 나라는 왜 그러는지, 또 원자력을 축소하거나 폐지하려는 나라는 어떤 사정이 있는 건지 살펴보기로 해요.

기존에 원자력 발전소를 운영하고 있던 나라들 중에 독일, 벨기에, 스위스는 원전을 축소 또는 폐지하기로 결정했고 나머지 나라들은 원전을 유지 또는 확대하기로 했어요. 그러나 이러한 정책을 탈원전과 친원전의 관점에서 보기보다는 전체적인 에너지 믹스 관점에서 보는 것이 바람직해요. **에너지 믹스(Energy Mix)**는 에너지원을 다양화한다는 의미로, 석유나 석탄 같은 화석 에너지를 효율적으로 활용하고 신재생 에너지 및 원자력을 잘 조합하여 에너지 수요에 적절하게 대응한다는 뜻이에요.

전 세계적으로 볼 때 한 가지 확실한 것은 **신재생 에너지의 비중이 높아지는 추세**라는 거예요. 미국 에너지 정보청(EIA)은 2012년부터

2030년까지 세계 전력 생산 중 신재생 에너지의 비중이 21.9퍼센트에서 28.1퍼센트로 늘어날 것으로 전망하고 있어요. 하지만 같은 기간 원자력의 비중도 10.9퍼센트에서 12.8퍼센트로 증가할 것으로 보고 있어요. 반면에 석탄의 비중은 39.9퍼센트에서 32.8퍼센트로 줄어들 거라고 해요.

그럼 이런 추세를 어떻게 이해해야 할까요? 바로 에너지원이 다양해지고 있다는 뜻이지요. 즉, 선진국들은 석탄과 같은 화석연료의 비중을 줄이고 신재생 에너지의 비중을 높이고 있고, 나라에 따라 원자력의 비중을 높이는 나라도 있어요. 여기서 우리가 주목해야 할 점은 이러한 정책이 오랜 기간 논의되어 충분히 준비가 되었을 때 시행되어야 한다는 점이지요.

독일은 1986년 체르노빌 원진 사고 이후 원전 폐지 논의가 시작되었지만 25년이 지난 2011년이 되서야 탈원전 여부를 국민들에게 묻기 시작했어요. 스위스도 1984년부터 33년 동안 4번의 국민투표를 거쳐 2017년 5월에야 국민투표로 탈원전을 결정했어요. 벨기에는 2025년까지 순차적으로 원전을 종료하겠다고 했지만, 원전의 보수 및 가동 차질에 따른 전력 공급을 걱정하고 있어요. 주변 국가에서 평균의 6배가 넘는 가격에 전기를 사 와야 해서 우려하고 있어요.

프랑스도 최근에 원자력 비중을 현재 75퍼센트에서 50퍼센트로 낮추는 시기를 2025년에서 2035년까지로 10년 연장했는데, 그 이유는 원자력 산업이 프랑스 경제에 차지하는 비중이 큰 탓도 있고 원전 중단으로 화력 발전이 늘어나면 이산화탄소 배출이 늘어나 파리 기후 협정을 어기게 될 우려가 있기 때문이지요.

기후 변화로 사라져 가는 나라들

지구 온난화에 가장 큰 영향을 미치는 여섯 가지 기체를 온실가스라고 부르는데 그중에서도 이산화탄소가 지구 온난화의 가장 큰 원인이다. 이러한 온실가스는 대부분 선진국에서 발생하는데 그 피해는 엉뚱한 나라에서 입고 있다. 남태평양의 작은 섬나라 몰디브, 투발루, 키리바시, 마셜 군도와 파나마령 쿠나 얄라 군도 등은 평균 해발고도가 10미터 이하로 낮은 나라들인데 매년 몇 밀리미터씩 물에 잠기고 있다. 그중에서 투발루는 2013년 국가 위기를 선포하고 나라를 포기한 채 기후 난민으로 주변 국가로 이동하는 사람이 늘고 있다.

선진국에서는 원자력의 비중을 줄이려고 하는 반면, 체코, 폴란드, 호주, 사우디아라비아 등 많은 나라에서는 원전 도입을 적극 추진하고 있어요. 가장 큰 이유는 파리 기후 협정을 만족하도록 탄소 배출을 줄이기 위해서는 화석연료의 사용을 줄이고 신재생 에너지의 비중을 높여야 하는데 그것만으로는 어렵기 때문이지요.

지구 온난화를 막기 위한 전 세계의 노력

　지구 온난화란 온실 효과 때문에 지구의 기온이 올라가 기후에 전반적인 변화를 초래하는 현상이에요. 온실 효과는 대기 중의 온실가스 농도가 높아지면서 태양열로 달궈진 지표면에서 발생하는 적외선이 방출되지 못하고 지표면으로 반사되어 지구의 온도가 서서히 상승하는 것인데, 빛은 받아들이고 열은 내보내지 않는 온실과 같은 작용을 해서 온실 효과라고 하지요. 이러한 현상은 지구 궤도의 변화와 화산 분출과 같은 자연적인 원인 때문에 발생하기도 하지만 석유나 석탄 등의 화석연료가 연소할 때 발생하는 이산화탄소가 가장 큰 영향을 미쳐요. 대기권으로 배출된 이산화탄소가 두껍게 막을 형성해 대기권으로 빠져나가야 하는 태양 복사열을 막고 있기 때문에 온도가 올라가는 거예요. 온실가스에는 이산화탄소, 메테인, 아산화질소, 프레온, 오존 등과 같은 것이 있는데 그중에서도 이산화탄소의 영향이 60퍼센트 이상으로 가장 커요.

　지구 온난화가 지구에 미치는 영향은 다양해요. 이상 기온과 가뭄, 그로 인해 곡물 및 사료 가격이 상승하고, 육류 가격까지 폭등하지요. 또한 삼림이 황폐해지고 사막화되며, 해수면 상승으로 저지대 및 크고 작은 섬나라들이 수몰될 수도 있어요. 우리나라에 미치는 영향도 있어요. 북극 온도가 상승하면 기압 상승으로 북극의 한기를 가두고 있는 제트기류에 구멍이 생겨 북극의 찬 공기가 우리나라에 유입되어 이상 한파를 일으켜요.

지구 온난화 등 기후 변화로 인한 문제를 해결하기 위해 전 세계가 협력 중인데, 1997년 교토 의정서가 가장 대표적인 기후 변화 협정이에요. 2020년 만료인 교토 의정서가 선진국 37개국만 온실가스 감축 의무를 갖는 것이 주된 내용이었다면, 파리 기후 협약은 참가한 195개 당사국 모두가 온실가스 감축 의무를 갖게 되었다는 점이 달라요. 2017년 6월에 미국이 파리 기후 협약에서 탈퇴했지만, 여전히 세계 탄소 배출의 87퍼센트에 달하는 200여 개 국가가 협정을 이행 중이고, 세계 7위 온실가스 배출국가인 한국도 2030년까지 전망치 대비 37퍼센트의 온실가스 감축을 목표로 동참하고 있어요.

파리 기후 변화 협약의 핵심 내용은 지구의 기온 상승폭을 산업 혁명 이전 대비 섭씨 2도 이상 상승하지 않도록 하고, 나아가 온도 상승을 섭씨 1.5도 이하로 낮추는 걸 목표로 온실가스를 배출량을 감축하는 거예요. 그리고 5년마다 당사국이 탄소 감축 약속을 지키는지 점검하기로 했어요. 이를 위해 선진국들은 매년 1000억 달러를 지원하고 있고 2025년 지원액을 더 늘릴 예정이에요. 선진국들이 지속적으로 앞장서면서 개발 도상국의 점진적인 노력도 요구하고 있지요.

온실가스를 줄이고 지구 온난화를 막기 위해서는 국가적인 차원의 노력도 중요하지만 한 사람 한 사람의 노력도 꼭 필요해요. 종이컵 대신 유리컵을 쓰며 쓰레기를 줄이고, 겨울철 실내온도를 조금만 낮추는 것과 같은 작은 실천이 지구 온난화를 막는 데 도움이 될 거예요.

바람직한 에너지 정책은?

신재생 에너지 비중을 늘리고 **화석연료를 줄여 온실가스 배출을 줄이는 방향은 분명 맞아요.** 그러나 그로 인해 자연이 훼손되거나 다른 자원이 고갈되면 안 되겠지요. 그리고 준비되지 않은 신재생 에너지 비중의 확대로 블랙아웃 같은 사고 역시 없어야 해요. 또한 전기요금의 상승과 그로 인한 제조업 부진, 나아가 국가 경쟁력 하락 같은 실수는 저지르지 말아야 하고요. 특히 우리나라는 전기, 전자, 철강, 화학 등 전기를 많이 사용하는 제조업이 차지하는 비중이 높은 나라이기 때문에 이런 점에 유의해야 해요.

또한 독일, 벨기에, 스위스와 달리 우리나라는 전기가 부족할 때 주위 국가로부터 빌려 올 수 없어요. 또 앞으로 통일을 대비해서 발전 용량이 턱없이 부족한 북한의 사정도 고려해야 해요. 북한의 에너지 발전 인프라가 일정 수준으로 올라올 때까지 지원할 수 있도록 **장기적인 안목에서 에너지 정책을 수립**해야겠지요. 최근에는 러시아, 중국, 일본 등과 전력망을 연결하는 사업을 검토하고 있는데, 이것은 어쩌면 바람직한 방향이 될 수도 있어요. 주변 국가로부터 전기를 수입하게 되면 에너지 안

보 차원에서 문제가 생긴다고 걱정하는 이들도 있겠지만, 좀 더 생각해 보면 장점이 더 많을 수 있어요. 우리나라가 에너지 수출을 할 수도 있고 에너지 도입선을 다변화하면 전기료도 내려서 산업 경쟁력도 올라갈 수 있으니까요.

따라서 **점차적으로 원자력의 안정성을 높이고 핵융합 발전을 실현하여 신재생 에너지와 함께 화석연료를 대체하는 종합적이고 균형 잡힌 에너지 정책이 필요**하다고 생각해요. 신재생 에너지를 확대할 때 반드시 잊지 말아야 할 점은 환경을 보존해야 한다는 거예요. 산을 깎거나 호수를 덮는 태양광 설치 사업이나 산림을 해치고 풍력 터빈을 건설하는 일은 오랜 기간 동안 다양한 환경 피해를 일으킬 수 있으니 이와 같은 우려를 충분히 고려하고 결정해야 해요. 단기적인 시각이 아닌 **장기적인 관점에서 충분한 검토를 거친 후에 에너지 믹스에 대한 계획을 수립**해야 부작용을 막을 수 있답니다.

미래의 에너지

 미래에는 어떤 에너지를 주로 사용하게 될까요? 앞서서 석유와 천연가스의 가채연수는 50~60년, 석탄은 100년 정도이고, 우라늄은 50년 정도라고 했어요. 기껏해야 100년 정도면 모두 고갈된다는 뜻이에요.

 2030년 무렵까지는 현재의 에너지원을 그대로 사용하면서 여전히 석탄, 석유, 천연가스의 비중이 60퍼센트를 넘을 예정이에요. 화석연료의 비율은 줄어들 수 있겠지만 전체적인 에너지 소비량이 늘어나면서 화석연료의 사용 또한 늘어날 것으로 보여요. 석탄과 석유는 생산량이 천천히 증가하면서 비율은 많이 줄어들겠지만 천연가스의 생산량은 많이 늘어날 전망이에요. 천연가스의 일종인 셰일가스의 매장량이 계속 발견되고 있어서 생산량을 많이 늘릴 수 있기 때문이에요.

 한편, 수력과 원자력과 같이 투자비가 많이 들지만 안정적으로 전기를 생산하는 에너지원은 에너지 소비량이 늘어남에 따라 꾸준히 생산량도 늘어서 사용 비율은 크게 변하지는 않을 거예요. 특히 소형 원자로가 많이 보급되어 아파트나 공단 등의 전기 공급 및 난방을 많이 책임질 전망이에요.

  태양광, 풍력 등과 같은 신재생 에너지는 생산량이 많이 늘겠지만 2030년까지는 그 비중이 10퍼센트를 넘기는 어려울 것으로 보여요. 2030년이 지나면서는 기술의 발달로 신재생 에너지의 발전량이 급격히 늘어나서 2050년이 되면 전체 발전량의 40퍼센트 정도까지 될 거라 전망하고 있어요. 그에 따라 화석연료의 비중은 50퍼센트 정도까지 줄어들 예정이고, 수력과 원자력은 여전히 비슷한 비중을 유지할 전망이에요.

  미래의 에너지를 이야기할 때 빼먹어서는 안 되는 것이 수소연료 전지와 배터리 등과 같은 에너지 저장 장치(ESS, Energy Storage System)예요. **에너지 저장 장치는 배터리처럼 태양광이나 풍력 발전으로 얻은 전기를 저장해 놓았다가 전력이 필요할 때 사용할 수 있도록 하는 장치예요.** 전력 생산이 일정하지 않은 신재생 에너지의 단점을 보완해 주지요. 최근에는 전기자동차의 에너지 저장원으로 많이 사용되기 시작했어요. 아직은 상용화 초기 단계이지만 2030년이 되면 자동차는 물론이고 가정이나 산업용 발전이나 난방 등에 많이 기여할 것이라고 예상되고 있어요.

 가장 대표적인 에너지 저장 장치인 수소연료 전지는 수소와 산소를 화학적으로 결합시켜 전기를 생산하기 때문에 환경을 오염시키지 않아요. 그러나 수소 생산에 에너지가 필요하므로 재생 에너지라고 부르지는 않고 그냥 신에너지라고 해요. 수소연료 전지는 태양광이나 풍력과 달리 껐다 켤 수가 있고 기후에 관계 없이 작동이 가능하다는 장점이 있어요. 이러한 장점 때문에 활발히 연구가 진행 중이고, 2030년이면 전체 자동차의 약 20퍼센트 정도가 수소연료 전지 자동차가 된다는 전망도 있어요.

 2050년 이후에는 어떻게 될까요? 그때쯤 되면 **핵융합에서 전기**가 나오기를 기대해요. 그렇게 되면 더 이상 화석연료의 고갈을 걱정할 필요가 없어지는 것은 물론이고 인류의 에너지원 걱정은 없어질 거예요.

석유를 대체할 새로운 에너지, 셰일가스

셰일(shale)은 진흙이 수평으로 퇴적하여 굳어진 암석층을 가리키는데, 셰일가스는 이 셰일층에 함유된 천연가스를 말한다. 셰일가스는 천연가스보다 더 깊은 지하에 넓은 지역에 걸쳐 연속적인 형태로 분포되어 있어 추출이 어려웠으나, 1998년 그리스계 미국인 채굴업자 조지 미첼이 수압 파쇄 공법을 통해 상용화에 성공했다. 모래와 화학 첨가물을 섞은 물을 시추관을 통해 지하 2~4킬로미터 밑의 바위에 500~1000기압으로 분사하면, 바위 속에 갇혀 있던 천연가스가 바위 틈새로 모인다. 이때 장비를 이용해 이를 뽑아내는 방식이다. 셰일가스는 중국과 미국을 비롯한 여러 지역에 고루 분포해 있으며, 전 세계가 100년간 소비할 수 있을 만큼의 양이 매장되어 있다. 매장량이 풍부하고 온실가스 배출량이 적어서 친환경 에너지로 각광받고 있으며 석유를 대체할 수 있을 것으로 기대되고 있다.

백 투 더 퓨처는 가능할까?

시간 여행을 다룬 영화 중에 〈백 투 더 퓨처〉라는 오래되고 유명한 영화가 있어요. 주인공 마티는 괴짜 발명가인 브라운 박사가 자동차를 개조한 타임머신을 탔다가 30년 전으로 가서 젊은 시절의 아빠와 엄마를 만나 두 사람이 서로 좋아하게 되도록 돕고, 30년 전의 브라운 박사를 만나기도 해요.

거기에 타임머신으로 나오는 자동차의 이름이 드로리안인데 이 차의 연료가 플루토늄이에요. 그러니까 이 타임머신에 원자력 엔진이 장착된 거예요. 영화 속에서 브라운 박사는 시간 여행을 하기 위해서는 1.21기가와트의 에너지가 필요하다고 하는데, 이는 신형 원자력 발전소 1기의 발전량과 비슷한 수준이에요. 나중에 드로리안은 미스터 퓨전으로 개조되는데, 이번에는 원자력 엔진에서 한 발 더 나아가 핵융합 장치로 엔진을 만들어요.

영화에서처럼 자동차 엔진 크기의 **소형 원자력 발전 장치나 핵융합 발전 장치를 사용**하게 되는 날이 올까요? 아마 수십 년 후에는 가능할지도 몰라요. 최근에 개발되는 소형 원자력 발전 장치는 크기가 많이 줄

아이언맨의 힘은 핵융합에서 나온다

영화 〈아이언맨〉에서 아이언맨이 엄청난 힘을 내는 비결은 가슴에 달고 있는 소형 핵융합로 '아크 리액터'이다. 그런데 실제로 이런 초소형 핵융합로를 만들기 위해 많은 사람들이 노력하고 있다. 미국의 MIT 공대에서는 '아크'라는 초소형 핵융합 장치를 개발 중인데, 기존의 토카막 장치보다 10배 이상 강력한 초전도 테이프를 이용해서 크기를 교실 사이즈로 줄이려고 개발 중이다. 미국의 방위산업체인 록히드마틴도 스컹크웍스라는 비밀 연구 그룹을 만들어 컨테이너에 싣고 다닐 수 있는 100메가와트급의 초소형 핵융합 장치를 개발 중이라고 한다.

어들어 아파트나 가정의 전원으로 사용될 가능성은 있지만, 핵융합 발전 장치는 2050년쯤에야 가능할 것으로 보여요. 핵융합 발전으로 움직이는 자동차는 기름을 넣거나 에너지를 충전할 필요가 없으니 편리하고, 배기가스를 내뿜지 않기 때문에 공기도 무척 깨끗해질 거예요.

아마 아주 가까운 미래에 핵융합 자동차를 보기는 어려울 거예요. 하지만 이렇게 **깨끗하고 고갈될 걱정 없는 미래의 에너지**를 위해 지금도 많은 이들이 노력 중이니 한번 기대해 보는 건 어떨까요?